名人传记

爱迪生传

给人类带来光明的伟大发明家

赵小龙 ◎ 编著

成都地图出版社

图书在版编目（CIP）数据

爱迪生传 / 赵小龙编著. -- 成都：成都地图出版社, 2018.4（2023.3重印）
ISBN 978-7-5557-0875-9

Ⅰ.①爱… Ⅱ.①赵… Ⅲ.①爱迪生(Edison, Thomas Alva 1847-1931) – 传记 Ⅳ.①K837.126.1

中国版本图书馆CIP数据核字(2018)第052543号

爱迪生传
AIDISHENG ZHUAN

责任编辑： 魏小奎
封面设计： 吕宜昌

出版发行： 成都地图出版社
地　　址： 成都市龙泉驿区建设路2号
邮政编码： 610100

印　　刷： 三河市同力彩印有限公司
（如发现印装质量问题，影响阅读，请与印刷厂商联系调换）

开　　本： 710mm×1000mm　1/16
印　　张： 8　　　　　　　**字　　数：** 120千字
版　　次： 2018年4月第1版
印　　次： 2023年3月第5次印刷
书　　号： ISBN 978-7-5557-0875-9
定　　价： 35.00元

版权所有，翻印必究

导读 >>>>>>>
Introduction

Edison
爱迪生

  我们很难想象，如果没有电灯，今天会是怎样的一幅场景——夜幕降临，却不能欣赏到华灯初上的温馨夜景，甚至连正常的生活也无法维持。在今天的生活中，很多我们认为理所当然、习以为常的事物，都是伟大的发明家爱迪生带给我们的。他那种实用性的发明把电的用途发挥到了极致，让电灯点亮了世界的每一个角落。

  托马斯·阿尔瓦·爱迪生（Thomas Alva Edison 1847—1931），出生于美国，是举世闻名的电学家和发明家，被誉为"发明大王"，一生中共完成近2000项发明，1928年被授予美国国会金质特别奖章。胡佛总统说："所有的美国人都是爱迪生的受惠人！我们不仅在生活上接受他的恩惠和利益，最重要的是我们继承了他的精神遗产！"这是对爱迪生一生的光辉写照。

  爱迪生的一生是发明创造的一生，其中最重要的发明是电灯和留声机，另外还有双重发报机、四重发报机、电影、电车、蓄电池、打字机、水泥、橡胶等等。在第一次世界大战中，爱迪生曾担任海军技术顾问，先后发明了水雷探测器、水底巡灯、吸声器等39种器械。

爱迪生16岁时就发明了自动定时发报机。从那时算起，平均每12天半他就有一项发明。而在1882年，平均不到三天就有一项发明。如此惊人的成就，实属罕见。在爱迪生决定从事白炽电灯的研制时，不少人质疑他的设想，讥笑这是荒谬的空谈。可爱迪生并不灰心，反而以此作为动力，始终坚持着自己认为正确的方向。他通常每天只睡四五个小时，甚至通宵达旦，不眠不休地进行了1600多次耐热材料和600多种植物纤维的实验，才制造出第一个碳丝灯泡。后来他在此基础上不断改良制造方法，推出了可以燃烧1200小时的竹丝灯泡，最终取得了电灯事业的伟大成功。这给爱迪生带来了空前的荣誉。

爱迪生的创造发明对人类的文明和进步做出了巨大贡献，全世界人民对他无不表示敬意。除了"发明大王"之外，人们还把他称作"打开电气时代的领袖""现代研究所的先驱""科学界的拿破仑"及"世界上最有用的人物"。

目录 >>>> Contents

第一章
特立独行的小少年
刨根问底的"小糊涂虫" ··· 2
母亲是最伟大的老师 ······ 5
图书馆里的小实验家 ······ 8

第二章
辗转奔波的电报员
优秀的电报员 ············ 14
曲折的遭遇 ·············· 17
总被解雇的天才 ·········· 19

第三章
引人入胜的发明
找到方向 ················ 25
醉心发明 ················ 28
属于自己的工厂 ·········· 32
遇到她 ·················· 35

第四章
高歌猛进
四路通系统电报机 ········ 41
谁发明了电话 ············ 44
会说话的机器 ············ 51

第五章
点亮世界
卓越的探索之旅 ·········· 57
电灯发明日 ·············· 61
电车在飞驰 ·············· 65

第六章
生活事业柳暗花明

无缘电子管 ………… 71
甜蜜再恋 …………… 73

第七章
视听的盛宴

巴黎一游,激发灵感 ………… 79
强大的电影公司 …………… 83
会说话的电影 ……………… 85

第八章
创新型企业家

科学家还是企业家 ……… 91
新型蓄电池的研发 ……… 94
走在时代的最前沿 ……… 98

第九章
动荡的战争年月

终生至交——亨利·福特 … 103
39项发明,服务海军防务 …… 106

第十章
生命不息,奋斗不止

未完成的研究,植物提胶 … 112
永远缅怀 ………………… 115

名人年谱 …………………………… 119

第一章

Edison

特立独行的小少年

> 父母是孩子的第一任老师。父母若放任孩子不管，孩子恶习一旦养成，学校不知要花多少时间和精力来对他进行"再教育"，这对孩子、家庭和学校都是巨大的损失。
>
> ——［苏联］苏霍姆林斯基

▶ 刨根问底的"小糊涂虫"

历史学家们这样说道:"18世纪是理性时代,19世纪是科学时代,20世纪是科学在人类物质的、智力的、感情的、美学的和生活的所有方面进行彻底变革性的干预的时代。"

托马斯·阿尔瓦·爱迪生,也就是举世闻名的大科学家爱迪生,出生于科学时代。他诞生于美国中西部的俄亥俄州的米兰小镇,出生日期是1847年2月11日。当时的米兰镇,是有名的小麦集散地。俄亥俄州东北部的小麦被运往五大湖,米兰镇是必经之地,同时休伦湖的出口也在这里。有一家公司把航程从河口扩展了数千米,剩下的一段用来挖掘运河,可以通行载重250吨的船只。这里因为是谷物的出口地,所以拥有"西方敖德萨"之称。因此,造船业也很发达,使得这个小镇十分繁华。

爱迪生的一生与美国走向现代化的过程交织在一起。19世纪是美利坚合众国及欧洲技术力量高速发展的时期,蓬勃发展的美国经济需要广泛采用先进的科学技术来进一步发展生产力,而爱迪生则是这个科学时代的伟大发明家。有人曾这样评论美国这位最伟大的发明家:"虽然爱迪生不发明历史,但他的发明却为历史锦上添花。"

一位传记作家曾这样说过:"越是伟大的思想家,时代的特征在他的传记中就表现得越明显,他的传记就越是自然而然地变为历史。"这句话,在爱迪生的传记中有着鲜明的表现。

关于美国这位最伟大发明家的家庭,某些传奇故事是这样说的:爱迪生家一贫如洗。其实这不符合历史事实。美国汽车大王亨利·福特写道："爱氏一家可不算是真正贫寒的，换句话说，他们始终是丰衣足食，住宅也好。人家说爱迪生出生赤贫，那简直是无稽之谈。"

爱迪生是家里最小的孩子，因此格外受到疼爱，大家都叫他阿尔。

在米兰镇，有关爱迪生的传说很多，说他从小就与众不同：他比一般孩子更为好奇，不断提出千奇百怪的问题，并且什么事都想亲自去尝试一番。

爱迪生的祖先是荷兰人，于1728年从荷兰阿姆斯特丹移居美洲。

爱迪生的祖父约翰·爱迪生由于在美国独立战争中站到了英王军队一边，所以，当英军战败后，约翰不得已带着全家躲到了加拿大的新斯科舍。他在那儿以务农为生，并安定了下来。

爱迪生的父亲塞缪尔·爱迪生，当时在伊利湖畔的维恩那城经营旅馆生意，生活过得还算不错。在这座城里有个名叫南希的女教师，她是苏格兰裔的加拿大人，由于她教学认真，颇受市民的尊敬。她引起了塞缪尔的爱慕，于是这位旅馆主人开始向她求婚。后来他们的爱情日渐增进，最后终于达到了沸点，便在1828年结婚了。结婚后，他们在城里住了一段时间才迁走。

幼年时的爱迪生

这一次他们又乘着"草原马车"再次迁徙，定居在美国俄亥俄州的米兰。塞缪尔在此经营屋瓦的制造和贩卖，生意还不错，夫妻俩过着幸福的日子。

他们的住宅是一幢带有顶楼小屋的红砖砌的平房。房子坐落在山脚处，外观朴实大方。

南希结婚后，前后生过7个孩子。在全家迁居米兰之前，南希就生下了4个孩子。此后,她又生了3个孩子。按照祖先长者的名字,爱迪生取名为托马斯,由于他父亲与阿尔瓦·布雷德利船长私交甚好,便又用了这位船长的名字阿尔瓦。因此他的全名叫托马斯·阿尔瓦·爱迪生。

  爱迪生常常和小伙伴们一起到运河边的大粮库周围玩耍嬉戏,但他似乎对小伙伴们的游戏并没有多大的兴趣。他更喜欢静静地坐在码头,看着来来往往的轮船和驳船。他常常思索着,这些船只为什么可以像鸭子一样自由自在地在水里游走呢?船上装载了那么多的粮食怎么都不会被压得沉下去呢?这么多的东西又是要运送到哪里啊?

  阿尔经常不断地向大人提出一连串的问题。这些问题在大人们看来似乎不是什么问题,却又常常回答不出来。有一次,爱迪生冷不丁地问父亲:"天上为什么会刮风呢?"父亲说:"我也不清楚。"爱迪生又问:"你为什么会不清楚呢?"父亲哑口无言。在造船厂,他看见有很多工具,就问工人们这个工具是做什么的,那个工具有什么用途。他永远有着问不完的问题,把大人们都问烦了。人们常常感叹道:"这孩子脑子里到底装的什么呀!"爱迪生不但好奇,还喜欢自己动手去给自己的问题找答案。他从造船厂和父亲的工厂拣来许多大小不一的木头,小心翼翼地搭建起各式各样的船舱,港口上每驶来一艘轮船,他就会不断地改造自己的船舱,直到他觉得很像刚停泊的大船为止。

  有一次,到了吃饭的时候,还不见爱迪生回来,父母急得团团转,便四下寻找,直到夜幕降临时才在场院边的草棚里找到了他。父亲见他一动不动地趴在放了好些鸡蛋的草堆里,像一只恪尽职守的母鸡,就不解地问:"你趴在草堆里干什么?"爱迪生很有把握地回答:"我在学母鸡孵小鸡呀!"原来,他看到母鸡会孵小鸡,觉得很奇怪,总想弄清楚其中的奥秘,所以自己也就亲自一试。当时,父亲看见这副滑稽的样子又好气又好笑地将他拉起来,告诉他,人是孵不出小鸡来的。在回家的路上,他仍旧迷惑不解地向父亲追问:"为什么母鸡能孵小鸡,我就不能呢?"

好奇心有时也给爱迪生带来麻烦和危险。在他四岁那年,看见篱笆上有个野蜂窝,野蜂忙碌地飞出飞进。他觉得挺有意思,就想知道里面有什么秘密,便用一根树枝去捅野蜂窝,被激怒了的野蜂对这个"入侵者"群起而攻之,结果"入侵者"的脸被野蜂的屁股给教训了一顿,肿胀的脸把眼睛挤得只剩下两道缝儿,几乎都睁不开了。还有一次,他到粮仓里,想看看麦囤里面到底装的是什么,却一不小心一头栽到了麦囤里面,麦子埋住了爱迪生的头部,幸亏工人及时发现把他救了出来。

还有一次,他看到邻居塞缪尔·温切斯特在碾坊用气球做一种飞行试验,他的好奇心又被引发了,他想:既然气球的肚子里有气就能飞,那么人的肚子里有了气肯定也能飞。他不知从哪儿弄来一些药剂,混合在一起,自认为这是能产生气体的配方,然后让爸爸工厂的工人迈克尔·奥茨吃下去,并且对他说:"你如果吃下这些药你就能像气球一样升到天上去了。"结果可怜的迈克尔吃了这些"神奇的药水"后全身抽搐,几乎昏厥过去,差点没了命。为这事爸爸狠狠教训了他一顿。邻居们也从此把爱迪生列入了危险人物的名单,不让自己的孩子和爱迪生玩耍。

▶ 母亲是最伟大的老师

有一天,小爱迪生哭哭啼啼地跑回了家。母亲关心地问:"你这是怎么啦?"爱迪生伤心地说:"老师把我从教室赶出来了,他还骂我是糊涂虫!"爱迪生的母亲并没有给他一巴掌,骂他不听话让家长丢了脸,而是抚摸着他的头,柔声安慰着小爱迪生。老师跟他母亲说:"我看这孩子脑子有点问题,让他留在学校里只会妨碍其他学生，我看您还是领他回家吧。"爱迪生的母亲听了这些话非常生气，她说："我认为如果孩子并没有犯下什么错误的话，您用那样的行为和言语对待一个孩子是不对的。爱迪生比大多数同龄孩子都聪明，只要教会他正确的学习方法，他就会学得很好的。我想我可以自己教我的孩子，他再也不会到这里来了！"说完，便拉着爱迪生走出了办公室。爱迪生内心很感激妈妈刚才在老师办公室的激烈陈词，这一切都是为了他，于是，他暗暗下定决心，一定要听妈妈的话，努力学习。

从此以后，他的母亲就成为他的"家庭教师"。爱迪生便按照母亲制订的计划，无论春夏秋冬，都抓紧时间学习，在其他孩子玩的时候，他仍然"两耳不闻窗外事，一心只读圣贤书"。

小爱迪生虽然也像其他孩子那样具有儿童天真、好动、贪玩的天性，但他打心底里接受母亲的教育方式。南希为了增加他的学习兴趣，想出了各种各样的办法来激励他积极主动地学习。爱迪生从母亲那里得到的不仅是知识，而且还有很多的学习方法，同时也享受了学习带给他的快乐。母亲认为，多思考比简单地死记硬背更重要，只要爱迪生看得懂的书，不管知识多么深奥都给他看。

南希也很注重让爱迪生在实践中领会知识。有一次在讲到关于伽利略著名的比萨斜塔实验时，她鼓励儿子亲自动手到自己家旁边的高塔上试一试。于是爱迪生兴致勃勃地找来两个大小轻重都不同的球，拿在手里，站在高塔上，看着它们同时笔直地向下坠落，果然，两个球同时落地了。当爱迪生欢呼着跑到母亲那里告诉自己的成功验证时，伽利略那种敢于挑战权威、不人云亦云、用实践来检验真理的科学精神也深深地铭刻在小爱迪生的脑海里了。爱迪生的母亲具

爱迪生的母亲

有高超的教育才能，她把家庭教育办得内容充实、形式活泼。在教授的过程中，爱迪生真正认识到读书的重要性。后来他也认为，母亲是真正理解他的人。

对一个小孩子来说，一种良好的教育方法可以极大地调动他的积极性，爱迪生的母亲就是那种能调动起小孩子学习积极性的人，这使得他对读书产生了浓厚的兴趣。爱迪生在小时候不仅博览群书，而且能做到一目十行，过目成诵。8岁时，他读了英国文艺复兴时期重要的剧作家莎士比亚、狄更斯的大作和许多重要的历史经典。到9岁时，他能轻松读懂难度较大的书，如帕克写的《自然与实验哲学》。这本书有好几百页，书中内容从蒸汽机到氢气球，关于那个时代的科学知识，差不多都有涉及，是一本中学毕业生都觉得难懂的书。然而这本书就好像为爱迪生打开了一扇大门，那里面是一个崭新的世界，他如饥似渴地读完了这本名著。

经过母亲这位优秀教师的启蒙，爱迪生在10岁时便读完了吉本的《罗马帝国衰亡史》、休谟的《英国史》、席尔的《世界史》，这些大部头的书都是爱迪生的最爱。他还读过托马斯·潘恩的著作，潘恩在书中论述政治与神学等问题的独到见解吸引了他，并且影响了他一生。爱迪生在后来回忆少年时代的学习时说："阅读那位伟大的思想家对政治与科学问题的论述，我得到了启示。潘恩使我了解了许多新的问题。我可以清楚地忆起读过潘恩的著作后那种如见光明的感觉，对于潘恩，我抱有极大的兴趣。看一遍不够，我就一遍又一遍，反反复复地读。"

南希发现爱迪生对自然科学表现出了日益浓厚的兴趣，她就顺应儿子的爱好，努力为他创造条件去阅读相关书籍。这一类书的专业性很强，有时候南希对于他的疑问也是爱莫能助，她便积极引导爱迪生自己想方设法去解决问题，所以，每读完一本书，爱迪生都能获益匪浅。这对他的世界观、思维方式等都有着潜移默化的深刻影响。爱迪生读过牛顿的《自然哲学的数学原理》，不过，他声称自己不喜欢数学。他曾说："如果牛顿少知道些数学问题，他的知识面就会更宽些。"爱迪生把数学看成是一种数字工具，可以用它完成推理的逻辑结论，但数字却不能帮助人们理解这一结论。多年之后，爱迪生向世人宣称："我不是数学家，但我在这一领域里的名次可以处于领先地位。"他还说："我可以雇佣数学家，而他们却不能雇佣我。"爱迪生之所以在财富的积聚上远远超过了大多数数学家，就是因为他夜以继日地做实验并能把发明很快运用到生产领域。爱迪生对数学的看法未必是对的，但这反映了他的独特见解。小小年纪就能说出惊人之语，难能可贵。

母亲对于爱迪生儿时的教育，使他养成了阅读的好习惯，也初步掌握了如何阅读的科学方法，这使他受益终生。但客观地说，仅仅是儿时的启蒙对于发明创造是不够的。在爱迪生以后的工作中，他深切地感受到了自己在物理、化学、数学等方面的知识远远不够用，这给他的工作带来了许多困难。为此，当他需要运用相关知识去解决问题时，他就进行大量的阅读和实验，从而最终让问题得到解决。他深感读书的重要，他说："读书对于智慧，就像体操对于身体一样。"

▶ 图书馆里的小实验家

每当爱迪生静静地坐在图书馆看书时，母亲的话便在耳边响起："牛顿和瓦特在学校都不算是优秀的学生，可是他们并不灰心，仍然继续不断地努力，最后终于发明了对人类有用的东西。所以只要你好好用功，妈妈相信，你也可以发明东西。"母亲的话一直鼓舞着他，使他不断地向艰深的学问挑战。爱迪生在心中发誓："我一定要好好用功，将来成为牛顿和瓦特那样的伟人。"

爱迪生广泛地阅读，不断地追求知识。随着岁月的流逝，去底特律的图书馆看书成为令爱迪生十分开心的事。不论刮风下雨，也不论身体多么劳累，他都坚持不懈，从不耽误。由于他天天去图书馆，他和图书馆里的管理人员也就熟悉起来。一天，管理人员问他读过多少书了，爱迪生说："我已经读完第一架上的两层书了。"管理人员听后，不禁哈哈大笑，然后严肃地说："我看你先后读的这两本书，内容是毫不相干的呀！你读书的目的是什么呢？"爱迪生说："我是按照书架上的次序读的。我想把这里的藏书全部读完。"管理人员非常佩服年轻的爱迪生读书的毅力，但认真地劝他："你的精神令人钦佩，但读书要有个明确的目的，什么书都看，效果不好。你以后应选定一个目标，围绕着这一目标看书才好。"管理人员的劝告，使爱迪生深受启发，他开始懂得了学习要有明确的目的。从此，他更加刻苦努力地学习，并注意学习方法。

爱迪生立志："长大后，我一定要盖一间很大的研究所，里面有这么大的图书馆和这么多的藏书。"

为了实现自己的理想，爱迪生一回到休伦港，就开始认真地做他的实验。

虽然一天的工作已使他筋疲力尽，但是一回到地下实验室，他就忘记了身心的疲劳，埋头做实验，如果有不明白的地方，他就记在笔记本上，第二天再到底特律的图书馆去查找有关资料。

有时，他在图书馆一边读书，一边思考新的实验方法，回到休伦港，他就用新的方法从事实验。他完全陶醉在这种全新的知识领域中。

1860年，主张废除奴隶制度的林肯当选为美国第16任总统。1861年，美国围绕解放黑奴问题，爆发了南北战争。这时爱迪生已经15岁了。

当时美国的铁路已很发达，但火车仍是旧式的，也就是由储藏室、抽烟室和载客室3节车厢组成一列火车。其中储藏室又分成3个房间，一间放货物和行李，另一间放邮件，还有一间是休息室。这间休息室由于空气不流通，所以并没有人到这里来休息，它就成了一个空房间。

爱迪生做化学实验必须等他回家之后才能在地下室做，因为他每天回家很晚，所以感到时间不够用。于是他想到用车内空闲的时间来做实验。

"如果把休息室改为实验室的话，在返回休伦港的途中，我就可以尝试这项实验了。"一有这种念头，爱迪生便迫不及待地想实现。但是火车的列车长是个少言寡语的人，他一直找不到机会和他商量。爱迪生只得静静地等候良机。一天早上，那位列车长见到爱迪生，便微笑地向他打招呼："早安！怎么这么早就在休息，是不是报纸全卖完了？""谢谢你，全卖完了……列车长……"

爱迪生认为这是最好的机会，因此鼓起勇气继续往下说：

"列车长，我有一件事想和你商量……"

"到底是什么事？"

"我想借用那间空的休息室，不知道可不可以？"

"你要那间空气不流通的房间做什么？当然可以借你使用，不过你要小心使用才行，不然万一有损坏，我也不好向上级交代。"

"列车长，真谢谢你！我明天就开始使用。"

爱迪生很高兴，他郑重地向列车长表示他由衷的感谢。爱迪生就这样顺利地借到了那间休息室。第二天，爱迪生就开始搬了些实验器材和药品到火车上来做实验。最初只有一点点药品，他把卖报的钱全部用在购买实验器材上，慢慢数目增加，变成一间完整的车内实验室了。

他仍旧很卖力地卖着报纸，可是当他一进入实验室，就忘记了外界一切的事物，专注在自己的实验上。这时爱迪生虽然只有15岁，但是却已具备了向新事物挑战的精神。

一旦开始做实验，就不能在列车内跑来跑去卖东西了，需要看住试验管内的药品反应。于是,爱迪生又想出了一个办法。那个时代,美国的小学在星期天和星期六都放假,所以他打算让闲着的孩子乘车,替自己卖东西。想到这个办法以后,爱迪生马上开始实施。孩子们也很乐意,因为他们既能不花钱乘车旅行,又可以赚些零用钱。实行了这个办法,爱迪生在星期六和星期天这两天,便可随心所欲地做实验。

想到的事情,马上就干,这就是爱迪生的作风。一天的工作结束了,爱迪生付给小帮手零用钱。小帮手把别人付给他的钱交给爱迪生,爱迪生从来不点数。小帮手问爱迪生:"你为什么不点一下钱呢?"爱迪生回答:"我相信钱数是对的。"

他对钱从来不是很感兴趣,只是关心钱能买什么东西。亨利·福特说:"不以蓄财为乐,是爱迪生的特色。"他相信他人直到他们证明再不能被信任时为止。

名人名言·好奇心

1. 人的理性粉碎了迷信,而人的感情也将摧毁利己主义。

   ——[德]海涅

2. 好奇心是科学工作者产生无穷的毅力和耐心的源泉。

   ——[美]爱因斯坦

3. 好奇心是学习者的第一美德。

   ——[法]居里夫人

4. 知识是一种快乐,而好奇则是知识的萌芽。

   ——[英]培根

5. 好奇心是智慧富有活力的最持久最可靠的特征之一。

   ——[英]塞缪尔·约翰逊

6. 对坏事的好奇心是一种可诅咒的毛病,是从一切不洁的接触中产生的。

   ——[法]缪塞

7. 青年的朝气倘已消失,前进不已的好奇心已衰退以后,人生就没有好处。

   ——[英]穆勒

8. 好奇心造就科学家和诗人。

   ——[法]法朗士

9. 谁要是不再有好奇心也不再有惊讶的感觉,谁就无异于行尸走肉,其眼睛是迷糊不清的。

   ——[美]爱因斯坦

第二章

Edison

辗转奔波的电报员

> 天才就是百分之九十九的汗水加百分之一的灵感,但那百分之一的灵感是最重要的,甚至比那百分之九十九的汗水还重要。
>
> ——［美］爱迪生

优秀的电报员

在爱迪生 15 岁那年发生了一件事，就是这件事改变了他的人生轨迹。

那是一个盛夏的清晨，爱迪生像往常一样在主干线铁路上卖报纸，在行进途中他看到一个三岁左右的小男孩正站在铁轨中间玩抛石子的游戏。突然有一列货车从他身后向他驶来，而那小男孩丝毫没有察觉到危险正向自己袭来。

大事不好！爱迪生急忙扔下报纸和帽子，奋不顾身地冲下站台去抢救那个小男孩。爱迪生抱着那男孩摔倒在尖锐碎石铺成的路基上。由于爱迪生的速度非常快，他们摔得很重，以致皮肉里嵌进了许多碎石渣。

巧合的是，孩子的父亲麦肯齐先生是这个火车站的站长，他非常感激爱迪生对儿子的救命之恩，决心报答他。报答的结果就是从此爱迪生有了份正式工作——报务员。

从那以后，爱迪生一面在车站卖报，一面在发报室做见习报务员。当他以一个正式报务员的身份加入车站工作人员的行列时，前后只用了三四个月的时间。

在当时，电报还是一个新生事物，没有多少人会收发电报，最好的报务员每分钟也只能收 45 个字，想干好这行的确很难。所以，会收发电报的人几乎到哪儿都能找到工作，是个很吃香的职业。因此爱迪生放弃了多年的卖报工作回到休伦港，他想要开始一种新的工作。

掌握了电信技术后，爱迪生脑子里又有了新的计划，他要找到一个能运用这种新的电报技术的地方。他找到一个店铺，这个店铺设在休伦港的一条主街上。那里有空地方，只要付钱就能用。然后，他从自己的电信局到休伦站间架了大约1.5千米的电线，他准备开办自己的电信局，只要付钱就可以发电报。

电务员收发电报一幕

爱迪生的电信局开张很久了，可一直没有多少生意，门可罗雀。这并不是因为他是少年，或者镇上的人不相信他的技术，而是这个小镇上，早已有了另一家电信局。因此爱迪生在这里没有多少顾客，他也就不能以收发电报来挣钱。

托马斯·沃勒是另一家电信局的负责人。沃勒在他的店铺里经营许多项目：珠宝、书籍、钟表。沃勒急于参军，在离职以前，他急需找一个能够顶替他的人。爱迪生聪明伶俐，又是火车站长麦肯齐的徒弟，当然是最合适的人选了。于是爱迪生接替了沃勒，负责电信局的工作并且经营着这家铺子。

接手沃勒的电信局令爱迪生十分兴奋，他对这份工作实在太感兴趣了。由于电报房的办公室又是珠宝店的一部分，表匠的工具也放在这里。他不仅能在工作上自由发挥，而且还可以随意使用这些工具，用来制造自己的电信设备。此外，爱迪生还能在夜里"偷学"那位接收通讯稿的电报员的经验。老板铺子里还有好多科学杂志、技术图书，可以免费翻阅，这又为他提供了很充分的学习条件。

在爱迪生16岁那年，经麦肯齐介绍，他做了主干线铁路斯特拉福特枢纽站的电报员，那是1863年。

那年冬天，天气奇冷，连接休伦港和加拿大城市萨尼亚的大湖冰封雪冻，水底电缆被尖锐的冰块划断了，湖面停止了交通，两座城市的通信也处于瘫痪状态，这是很可怕的事。在这种情况下，人们都在急切地寻找解决问题的办法，爱迪生提议如果能给他一辆车头和一个司机，他便可以和对岸通讯。万般无奈的铁路公司只得同意了。他爬上了靠近湖边的休伦港路段的一段机车，拉响了汽笛，用笛声发送莫尔斯电码。对岸的人被这长长短短的汽笛声吸引了，大家都聚集在岸边倾听。这笛声不久便被加拿大的一个电报员领会，他马上跳进那边的火车，也发出汽笛回答。就这样两座城市又恢复了通讯。这件事反映了爱迪生天才的创造力。

在斯特拉福特，爱迪生主动要求上夜班。一般人是不爱上夜班的，因为晨昏颠倒的滋味可不好受。但爱迪生自有打算，他是想把白天的时间都省出来继续从事科学实验，而晚上的工作，他自认为应付起来很容易。

在铁路行业，有一个通行的规矩，就是夜里每隔一小时，值班的电报员就要发出一个信号，表示有人在坚守岗位。这样规定的目的，一来是为了防止值班人员偷懒睡觉，同时也是为了避免有紧急情况需要及时联络时，不至于无人值守而误事。

爱迪生干了没几天，就觉得这个规定太死板了。因为他白天要做实验，如果整个晚上还要定时发信号，那就根本没有时间休息了。他决定想个法子把自己解脱出来。

他制作了一个带缺口的轮，又从镇上购来一架闹钟，将带缺口的轮与钟表连接在一起，并在缺口轮上安装一个小棒。钟表走，缺口轮也跟着转，每隔一小时，就接通一次电路，小棒就会从缺口轮上落下来，叩在发报机的按键上，发出固定的信号。

这个装置是他的第一项发明。此后，爱迪生晚上就可以放心地做实验或是睡大觉了。

"忠于职守"的自动发报设备每天晚上在固定时间发出信号，这可比人的准确性高多了。结果毫不知情的上司逢人就夸爱迪生是个年轻有为、爱岗敬业的好员工。

▶ 曲折的遭遇

爱迪生不久又在萨尼亚站找了个电信方面的工作。

爱迪生到萨尼亚站就职没多久，便碰到一件大事。一天晚上，从本局拍来快报，命令行驶中的货物列车马上停驶。爱迪生回电之后，马上跑出去找信号手，可是还没有找到信号手，货车就已急驶而过。他马上回到电信室拍电给本局："货车已经通过。""那会造成相撞事故的。"本局回复。爱迪生为此十分害怕。他拼命去追货车，可他心里很急，加上外面很暗，一不小心，掉到深沟里昏迷不醒。还算运气，这两列列车互相发现对方的前灯而紧急刹车，避免了撞车的大祸。事件发生之后，爱迪生被叫到加拿大多伦多市的铁路局去面质。幸运的是他逃过一劫。

爱迪生的工作是白班业务，晚上他应该踏踏实实地在家里好好休息。偏偏他是个闲不住的人，他想多学一点儿。每天晚上，他都替换晚班的报务员接收通讯稿。这可是晚班报务员求之不得的事儿。

刚开始，爱迪生收发报的速度还能跟上对方。没过多久，对方换了一个高水平的人，他可就应付不了了。真是"天外有天，人外有人"，"强中更有强中手"，连爱迪生这么好的技术都有点儿招架不住了，怎么办呢？爱迪生发明创造的天分又开始"蠢蠢欲动"。

在电信局任职期间的爱迪生

虽然当时美国的电网得到了迅速发展，但电报线的技术设备还是非常简陋。鉴于这种落后的状况，爱迪生开始全身心投入电报机的改进工作中。他每天待在屋子里，足不出户，夜以继日地进行着各种实验，饿了也只是用几块面包、一杯白开水敷衍了事。一个朋友见此情景，关切地问他进度如何了。爱迪生严肃而坚定地说："目前还没有大的突破，但是，要是不成功，我就决不踏出这个房屋半步！"

终于，功夫不负有心人，他想出了解决方案：把两台接收电码的仪器安装在一起，一台按原来的速度接收，另一台转换成他可以接收的速度，从而将速度降到大约一分钟 25 个字左右。这一改进确实解了燃眉之急，可只能是暂时的，到关键时候可就暴露出弊端了。

那一年正赶上美国总统大选，有关大选的消息如同雪片般飞来，改良的发报机也招架不住了，爱迪生更是有点儿手忙脚乱。最让人着急的是消息都是第二天要发的，报纸正等着呢。新闻部门的人催了一遍又一遍，几乎踏破了门槛儿。

事情终于传到了公司经理那儿，经理大怒，他可容忍不了这既有损公司声誉又影响公司收入的事。就这样，随着二重发报机命运的终结，爱迪生又开始寻找下一个栖身之所。

他乘一艘小船离开加拿大边境的萨尼亚，返回他的家休伦港。当时，电报事业刚刚问世，会操作机器的人并不多，所以报务员的待遇很高，也很受电信公司的欢迎。由于美国的电信事业是民营的，竞争激烈，那时报务员的流动性也很大，常常随意被调换工作，而很多公司都争相以高薪聘请，所以报务员们大都往待遇高的地方去。

当时，人们都把那些电信人员称为"电信骑士"。所谓"骑士"，除了有骑马的意思外，另有称谓武士的用意。这跟报务员根本没有一点关系。但是，由于报务员的待遇高，有些人就自以为了不起，目空一切，和武士没有什么区别，所以"电信骑士"便成了一种讽刺语。

爱迪生并没有因为薪水高而目空一切，所以这种称谓是不适合他的。不过他是一个雄心勃勃的有志者，不管有多大的艰难困苦，他也要往待遇高的地方跑。因此他决定就以斯特拉福特为起点，往中西部去求发展。

爱迪生从1864年到1868年的这4年，也就是他17岁到21岁的这段期间，在美国境内过着动荡的电报员的生活，从这里换到那里，生活没有保障。这4年中，爱迪生换了10个工作地点。其中5个地点被免职，5个地点是自己辞职不干。

为什么这样？原因是无论在哪个地方，他都热衷于化学和电的实验，这已经是他生活中不可或缺的部分。如果他一天不试验新发明的科学方法，就会感到浑身不自在。只要有钱，他就买书；只要有空，他就看书。所以雇主们都不高兴。

1864年初，爱迪生在距底特律西南60英里的艾德里安找到了工作。他被肖尔湖——密歇根南方铁路雇用，每月可以挣到75美元的薪水。后来他被派往离镇1英里处的伦纳威岔道。他到达那里后，就向一个报务员租了一间屋子，布置了一个小工厂。不久他又被派在夜间值班，工作时一有机会他就读书。一次，他被铁路总监告知断开线路，发送电文。可是他不理睬，仍照章行事。于是，他就因不服从命令而再次被解职了。

▶ 总被解雇的天才

后来爱迪生又到了孟菲斯，他将所有的收入都购买书籍仪器，从不置备衣着，冬天也不穿大衣，因此时常受寒。

在孟菲斯，他帮助总报务长修复了断线，接通了纽约与新奥尔良之间的联系。还有一段时间，他摆弄出一种临时发明的自动

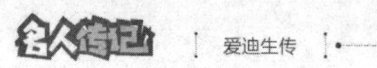

转发机的装置。这一装置，可以把一个电报接收机收下的电文输入到一条不同线路的发射机。《孟菲斯广告商报》发现了这一试验以后，为他作了新闻报道。

他买了不少书籍，其中有一本塔克著的《杰斐逊传》，在这本书的扉页上写着："田州孟城电报员托马斯·A·爱迪生于1866年3月11日购置。"另外还有一本西班牙文字典。那时他在给母亲的一封信中也要她帮忙定购大批书籍："……我回家时，或许已经能讲西班牙语了，读写方面也可以和西班牙人较量一下。我也能读法文，可是还不能说法语。我现在想买几本廉价书籍，希望您写一封信叫报童到书店去买几本寄来。您最好能和沃克接洽好，以后可以每月按时取书……"

他的工作是负责接收新闻夜电，白天便忙于在屋中试验。桌上安置着电报机，墙上攀满了电线网。

上司科尔曼断定，一线上发两个电报是绝对不可能的。他说："任何笨货都明白一线上是不能同时收发两个电报的。"

不过爱迪生又研制出一种电报接收器，大大提高了电报收发的效率。令人吃惊的是，这一消息被一家报纸报道后的第二天，爱迪生竟然被上司解雇了。可怜的爱迪生又失业了。这让爱迪生莫名其妙，百思不得其解，后来同事告诉他，他的上司是个嫉妒心极强的人，容不得下属的才干超过自己，爱迪生初来乍到便声名鹊起，这让他的上司有了危机感，便找了个借口除掉了"眼中钉"。

他在孟菲斯的突然失业，使他又身无分文。因为他的钱一部分借给了同事，余下全用来购买了书籍、仪器。他离开孟菲斯，到了路易斯维尔。

爱迪生到达路易斯维尔时，正下着暴风雪，而他穿的是一件单薄的白色外套，戴着一顶白色的夏天戴的帽子。他后来回忆说，他永远也不会忘记人们是如何奇怪地瞧着他这个衣着单薄的人。

爱迪生很快又在路易斯维尔开始了新的工作，为了进一步提高他作为新闻电讯报务员的技术,他与报馆编辑接洽,要求酬劳用报纸交换。他每次总挟着一大摞报纸回家,每天把这些报纸详细地阅读,因此,他对于当时的许多大事,如俄国出让阿拉斯加,法军撤离墨西哥,以及黑奴的解放等都非常了解。

他注意了解这方面的知识,因此他在接收冗长的新闻电报时,能比别的电报员易于想出字句。"托马斯的手指跳跃在电报键上,送字如此迅速,键好像在唱歌一样。"

但没过多久他又惨遭辞退。可是这一次并不是因为爱迪生又闯了大祸,而恰恰是因为他严格执行了上级的命令。当时,爱迪生的上司命令他中断线路,改发另外一份重要文件,他立即遵照指示做了,然而,线路那边的人又有了怨言,而这个对线路中断大发雷霆的人恰恰是铁路总监。为了平息这场风波,公司只好开除了爱迪生。无奈之下,爱迪生也只好接受这次倒霉的辞退。

爱迪生在那里逗留了两年,然后北上去了底特律,接着又回到了路易斯维尔。他由于在其他城市做巡回报务员,没有把时间全花在工作上。这时他结识了几个新朋友,他们都是经管报业者。他和朋友们在一起讨论科学和发明。他后来讲,就是在路易斯维尔,他发明了那种独特的纵行书写方式。他发现,为了填补电文中的空白,需要发挥一定的想象。要发挥想象,就需要时间。因此,书写时一定要有速度,所以他很快就练出了一种字体小且清晰的竖写体字母,字母之间互不相连,而且不具任何花饰。由于每天要接收 8~15 栏新闻,所以他很快就完善了这种字体的写法。

但好景不长,这份工作也没能维持太长时间,他再一次被辞退了。

事情的起因是这样的:有一天,爱迪生正在接收电报,电文刚刚发出"约翰·比兹"的名字,信号突然断了。爱迪生当然知道约翰·比兹是谁,他正参加南方一州参议员竞选,名字早为大家所熟悉,而且人们根据选票的变化情况说约翰·比兹可能当选。

爱迪生心想:这肯定是一条非常重要的消息,可偏偏信号又断了。到底是什么消息呢？啊！肯定是约翰·比兹当选了！

于是，他擅作主张地补充了电文，宣布约翰·比兹当选。

次日，各家报纸纷纷在头版头条的位置刊登了这一消息。可随后大家知道约翰·比兹还未能当选，不得不赶紧补发更正声明。

爱迪生的胆大妄为震惊了新闻界，而他的老板则更为震惊。这次可以说约翰·比兹当选参议员，下次就说不定又说谁当选美国总统了。这样胆大包天的人，老板还敢再用他吗？

爱迪生又一次被解雇了。

名人名言·天才

1. 没有加倍的勤奋，就既没有才能，也没有天才。

　　　　　　　　　　　　　　——［俄］门捷列夫

2. 无论哪一行，都需要职业的技能。天才总应该伴随着那种导向一个目标的有头脑的不间断的练习，没有这一点，甚至连最幸运的才能，也会无影无踪地消失。

　　　　　　　　　　　　　　——［法］德拉克罗瓦

3. 天才出于勤奋。

　　　　　　　　　　　　　　——［苏联］高尔基

4. 我是个拙笨的学艺者，没有充分的天才，全凭苦学。

　　　　　　　　　　　　　　——梅兰芳

5. 天才不过是不断地思索，凡是有脑子的人，都有天才。

　　　　　　　　　　　　　　——［法］莫泊桑

6. 所谓天才人物指的就是具有毅力的人、勤奋的人、入迷的人和忘我的人。

　　　　　　　　　　　　　　——［日本］木村久一

7. 如果没有系统的知识的帮助，先天的才能是无力的。直觉能解决很多事，但不是一切。天才和科学结合后才能得到最高的成功。

　　　　　　　　　　　　　　——［英］斯宾塞

8. 敢于冲撞命运才是天才。

　　　　　　　　　　　　　　——［法］雨果

9. 独立性是天才的基本特征。

　　　　　　　　　　　　　　——［德］歌德

第三章

Edison
引人入胜的发明

> 如果你希望成功,就应该以恒心为良友,以经验为参谋,以小心为兄弟,以希望为哨兵。
>
> ——[美]爱迪生

▶ 找到方向

1868年底，21岁的爱迪生接受好朋友亚当斯的邀请，来到了东海岸城市波士顿。

波士顿与爱迪生曾工作过的中西部城市大不相同，这里的生活环境非常好，学术气氛浓厚。在波士顿公共图书馆可以读到很多难得的好书。这座城市的北区，建筑奇特，街道笔直。这一切都吸引着年轻的爱迪生。

在前往波士顿的途中，爱迪生遭遇了罕见的雨雪天气，在旅途中滞留了好几天，所以，他到达波士顿之后已经口袋空空，别说为自己添置一两件像样的行头，就是填饱肚子都成了问题。他饥肠辘辘，衣衫不整，加上满脸的倦容，让他看上去就像一个浪迹街头的乞丐。当他参加面试时，负责招聘的主管简直无法相信眼前这个人就是小有名气的爱迪生！然而，金子在哪里都会发光，经过一番考察，主管见识到了爱迪生的真才实学，决定录用他。

刚刚开始上班的时候，同事们以貌取人，完全不相信这样一个不修边幅的"土包子"会是收发电报的高手。他们决定给初来乍到的爱迪生一点颜色看看。他们让爱迪生收发一份《波士顿先驱报》即将刊登的专题新闻，而线路那端负责发报的恰是一个他们眼中"真正的高手"。不知底细的爱迪生按照要求认真工作起来了，他渐渐地发现，对方的发报速度不断加快，爱迪生不由得集中精神，丝毫不敢怠慢。对方见爱迪生毫不退缩，似乎因此恼羞成怒，开始疯狂地向爱迪生发送信号。爱迪生心生奇怪："这家伙到底是什么意思呢？"他抬头一看，此时他的办公桌也被幸灾乐祸的同事们所包围，大家好像都故意和他作对似的，等着看他的笑话。爱迪生决定来个下马威，不要让大家把他看扁了。他运用了自己独创的纵行书写体式，轻而易举地回击了对方，到最后，他还向那个"高手"发出了这样一句电报："嘿，兄弟，该收场了吧，要不然换只脚来试试！"这让同事们对他刮目相看，竖起了大拇指。就这样，爱迪生凭借扎实的技术和知识，开始了在波士顿的工作生涯，在这里，他度过了青年时代最为愉快的生活。

然而，如以往一样，工作之余他仍继续搞他的发明。他的工资不高，手头不太宽裕，只好勒紧裤带，省下钱来买实验器材。做实验的时候，他也常常遇到危险。

有一次，他做电学实验，不小心触了电，慌乱中又打翻了一个药瓶，里面的药水溅了一脸。要不是眼睛闭得快，他可能就成了盲人。爱迪生的耳朵已经有一只聋了，要是眼睛再看不见，对于爱搞发明创造的爱迪生来说简直是无法想象的。

爱迪生在读了法拉第的《电学实验研究》之后，感慨道："现在我 21 岁，等到我 50 岁时，我能像他那么成功吗？生命这么短暂，有那么多的事情要做，我必须抓紧时间才行。"

这本书成了爱迪生形影不离的好朋友，他将它随身带着，一旦遇到问题，他就拿出来翻翻，从中寻求解答的思路，他几乎每读完一章都会马上动手做实验，或则验证已有的结论，或则探索自己的新推论，这对于爱迪生的研究工作，有着非凡的意义。法拉第的电磁发展理论深深地启发着爱迪生。爱迪生后来评论说："一生中对我帮助最大的书，就算这本法拉第《电学实验研究》了。"

电报局以前是一个饭馆，因此，里面常常有成群的蟑螂出没。尤其是在深夜，值夜班的职员很是恼火，他们的桌上，墙壁上到处都是蟑螂。为了消灭这些烦人的小东西，爱迪生在墙上安装了两块金属板，然后接通电源，只要蟑螂一碰到这两块板子就会发生短路，这个好点子让那些蟑螂很快就消失不见了。大家很中意爱迪生这个实用的小发明。

每到国会选举的日子，报务员就会忙得不可开交，因为当时的投票程序非常烦琐，是以原始的手工记录的方式来进行投票选举，大量的时间和人力都耗费在了投票的统计工作中。总能从现实生活中找到发明需求的爱迪生决心研制一种机器，来改善当前的计票方式。经过几个月废寝忘食的工作，他试制成一台自动投票记录机。这个设备上面有两个按钮，一个用来投赞成票，一个则用来投反对票。另外的一个木箱里装有两个配有刻度的指针。代表按动不同的按钮，指针就会做相应的移动。这样等投票结束后，赞成票和反对票各有多少就能一目了然地显示出来了。1868年11月，爱迪生为它申请了专利。

爱迪生满怀希望地去了华盛顿，请求议会采用他的发明，以此提高国会选举时的工作效率。

议会主席是个大胡子绅士，他在大厅里接待了爱迪生。爱迪生兴致勃勃地对主席说："用了这种自动机器，议员们只要按按电钮，就可以把议会表决的票数统计出来。"

令爱迪生想不到的是，议会主席勉强听完介绍后，竟嘲笑地说："小伙子，你的发明确实不错，但是在世界上的所有发明中，我们最不喜欢的就是你发明的这个玩意儿！"

爱迪生一脸困惑，想问个究竟，却被赶了出来。他后来才知道原来议长在议会中属于少数派，少数派正是通过拖延时间来阻止正确议案的通过，而他发明的这架机器却要使他们的制胜法宝失去作用。这种发明，他们怎么能够接受呢？

经过这件事，爱迪生明白了很多，也悟出了自己今后的发明方向：要把精力集中在社会需要的课题上，而不是为少数人的需要服务，这才是发明的真正价值所在，也是他的生活意义所在。

▶ 醉心发明

那个时期，对电的重要应用，就是电报。而且电报的价值，已在内战和战后各大企业激烈的竞争中得到了确认。当然那时的电报技术还只是处于发端时期。在那些生产与修理电报设备的人们中，一种强烈的信念正在形成。那就是：这种新的技术应该继续发展、改进，并扩大其使用范围。

对于这些急于扩大电的应用范围的人来说，波士顿乃是他们的研究中心。爱迪生勤奋好学，精力充沛，波士顿当然也是他的理想之地。爱迪生为了验证书本上的内容，每看完一章，他就立刻动手做实验，从而获得更多的电学知识，为后来很多电工方面的创造和发明，打下了牢固的基础。在波士顿西部联合电报公司，爱迪生继续搞他的发明研究。跟往常一样，他的寝室与其说是休息和睡觉的地方，还不如说是书房和实验室。"虽然他那种乡巴佬的派头多少给他带来了不大好的名声，但是，当他用一个简单的锡箔接通电流来杀死那些噬食他的午餐的蟑螂时，他却赢得了同事们的尊敬。"

爱迪生没有停止对二重发报机的实验。他知道，如果他能找到一种办法发明二重发报机，那么发电报的费用将减少，每个人就都可以使用了。早先，在印第安纳波利斯搞二重发报机，经理一发现，不管三七二十一就把他给撵了。后来，在孟菲斯搞二重发报机，上司知道以后，说他"异想天开"，是"存心捣乱"。而在波士顿搞二重发报机的实验，却得到了总报务员米利肯的理解和支持。米利肯对爱迪生说:"你这个发明很重要,要是能成功的话,等于铁路线铺上双轨,无形之中,一条线变成了两条线。"爱迪生夜以继日地进行实验。

米尔顿·亚当斯于1868年5月写了一个关于爱迪生做实验的故事,发表在《电报杂志》上。这个故事刊出以后,人们似乎对爱迪生的工作产生了兴趣。而他脑子里又有了另外的打算,又在憧憬着一个新的理想,想辞去报务员的工作,专门搞发明。

不久,他走访了波士顿市的许多工厂。其中包括亚历山大·格雷厄姆·贝尔电话的最初制造商——闻名的查尔斯·威廉姆斯所拥有的工厂。就是在这家工厂,1868年10月爱迪生和他的助手造出了投票记录机的原始模型。

看过报纸的波士顿女子中学,马上邀请爱迪生去做有关电报技术的演讲。由于爱迪生不善言辞,多次谢绝对方的邀请,可对方还是不死心,最后爱迪生没法推脱,只好说:"如果和亚当斯同去,我就可以考虑。"虽然答应了演讲,爱迪生面对那么多的女学生,站在讲台上,竟连话也说不出来。他控制住了自己的害怕情绪,那天总算应付过去,可是他却淌了一身冷汗。

爱迪生的演讲,博得许多掌声。回局后,他们俩便互相批评短处,爱迪生对亚当斯道:"你实在太不行了,你看我多么从容啊!不慌不忙,她们都对我拍手表示欢迎、佩服,但她们一看到你这副尴尬的恶心面孔,差不多连嘴巴都笑歪了。"而亚当斯呢,当然也自以为比爱迪生好,当下就笑他道:"你才是不行呢!当时我看到你怪形怪状的面孔,几乎要把我笑煞,我看她们都明目张胆地笑你,弄得我都难为情起来,你现在非但不肯承认,反咬我贻笑他人,真是不要脸呀!"他们这样互相推诿着,同事们都听得大笑起来。

女孩子们似乎非常喜欢听爱迪生谈话。从此以后,她们中的任何一个女孩子无论什么时候在街上见到爱迪生,都向他微笑说,她喜欢听他谈话。但是,他十分害怕与女生交谈,因此对她们投来的微笑佯装不知。

名人传记　　爱迪生传

这时纽约城中的交易所和经纪人之间的通信都采用一种电信机，向各处报告交易所行情。

爱迪生认为此事大有可为，便设法加以改良。他认为接收机一端的守候人是不必要的，而且接线也可以减少。这两者不但都成功了，而且他又发明了"极化继电器"，这对于电极界是一个不小的贡献。

他的计划完成后，便申请专利，决定在波士顿也建立起通信网来。他向各办公室兜售，结果征得了三四十家订户，于是在金业交易所楼上的一间小室中开始营业。

这事业的前途虽然很有希望，但因收入太少，他便转而注意发展各行业商家都可应用的通信机械。他设计了一个字母盘，转动这盘可以拼出整个文字，同时传送到另一室的字盘上去，那边便可以从盘上按字母抄下来，再拼成电文。汤姆着手开设工厂，雇用了几个职员，专门制造这种通信机。

随着此机的应用范围逐渐扩大，汤姆又想到他的电报印刷机。这个试验在波士顿未获得成功，他想在纽约也许可以成功，于是他便动身去纽约了。

21岁的爱迪生不善于鼓吹，因而到处碰壁。他的新机械又大受打击。在挫折中他又回到了波士顿。

他并没有灰心。1868年12月，《报务员》杂志登载了与爱迪生联系的地址："波士顿科尔特街109号，信件由电报仪器制造师小查尔斯威廉姆斯传。"1869年1月，该刊又刊出："爱迪生已辞去他在西方联合公司波士顿分部的职务，他将全力以赴地推出新的发明成果。"

他是电报员出身，当然首先就想到改革电报机。在搞自动投票记录机以前，爱迪生就打算发明一种可以同时在一条线路上发送两份以上的电文的机器，他把这个机器叫作二重发报机。因为这项实验太耗费资金，他未能进行下去，才去搞那台倒霉的投票机。现在投票机没有人用，他决定重整旗鼓，继续试验二重发报机。

第三章　引人入胜的发明

30　给人类带来光明的伟大发明家

他集中精力搞研究，颇有点破釜沉舟的劲头。他每天把自己反锁在屋里，一心搞实验，有时甚至一个星期都不出门。饿了就用几块面包充饥，喝点清水。一天，亚当斯来到爱迪生的房里，见他正费劲地装配一台古怪的机器，满屋子乱得像个鸡窝。看样子，发明搞得并不顺利。亚当斯关切地问道："有成功的希望吗？"

爱迪生苦笑了一下说："暂时还没有。不过，要是不成功，我就决不出这个房间的门！"

"你何必这样自找苦吃呢？"亚当斯同情地说。

爱迪生执拗地回答："亲爱的亚当斯，我一定要发明出给人类造福的东西。我认为，一个人在短暂的一生中，最好的贡献就是造福大众。"

听到爱迪生的这番话，亚当斯很受感动。他相信爱迪生虽然目前处境不佳，但前途却是无量的。

1869年初，爱迪生申请在西方联合电报公司的线路中试验。西方联合公司对爱迪生的改良方案不感兴趣，拒绝了他。爱迪生转而向大西洋——太平洋电报公司申请。该公司表示对爱迪生的改良方案感兴趣，借给他800美元，供他完善设备的最后部分。

4月初，他带着机器来到该公司设在罗彻斯特的报房。这时，他已通知了线路另一端的纽约报务员。在纽约的一端，由著名报务员波普（Franklin Pope）负责。

试验约定在第二天早晨报务稀少的时候进行。爱迪生在雷诺拱街电报局里向纽约发报，可是却未见对方回报。他相信这方法一定能够成功，仍继续向纽约发报，但是他终于发觉对方早已置之不顾了。这次试验使爱迪生大感失望，他不得不神情沮丧地回家了。

他到专利局去登记他的发明，可是没有钱是不能申请的，他只好眼看另一个发明者走进局来，获得了专利。这件事使他非常难受，一年来他所受的挫折，在这次达到最高点。

数月的劳动一无所获，多年的梦想成为泡影。爱迪生把借来的钱全都花光了。在波士顿，没有人再借给他更多的钱。他的全部家产就是一堆破铜烂铁。他不但吃饭成问题,而且随时都有被债权人控告的危险。爱迪生到了山穷水尽的地步,于是决定去纽约另谋发展。

1869年深秋的一天,爱迪生偷偷地乘船离开了波士顿,送行的只有亚当斯一人。亚当斯说:"爱迪生,你决定离开波士顿,我也下决心去旧金山。"就这样,他们俩人分道扬镳、各奔东西了。

▶ 属于自己的工厂

1870年,爱迪生在新泽西州纽瓦克市的沃德街10号与12号建了一座工厂,专门制造各种电气机械。他的最大的订户是利弗茨,订了1200台"爱迪生式万能印刷机"。其他公司也相继送来订单。开始只有职工18人,可是每个月都因工作需要增加人员,而且忙得需要两班人员日夜开工。上班时他要亲自巡视,所以每天睡眠时间很少,一般不到4小时。他的工厂工作效率很高,每天能造交易所行情电报传送机45台。

随着纽瓦克工厂的建立,爱迪生真正成了美国东部工业的组织者。他不但足智多谋,深谙金融银行业务,而且锻炼出了知人用人的能力。对于公司的会计工作,他持有一种不屑一顾的漠然态度。他曾经说:"我只管管工资账,浏览一下报表,一般是签字照付。第一次报来的账单,是一份抗议,我只得迅速处理,提高了工钱。"随着经营范围的扩展,他将这项工作交给了一位把他的事业管理得井井有条的商业经理。

爱迪生干工作有一种不平常的思想。他干工作没有时间概念。他的工人和他一样,对工作抱有极大兴趣。无论是他还是工人们,都不知道什么时候该下班。他们没有一个人是"为了"爱迪生而干活的,而是和他来"一起"干活。爱迪生干的事,没有一件不属于工作的。他和工人像亲兄弟一般，融洽的友谊使得工人们参与了他的每一项重大发明。对他们来说，世界上没有什么比他们的工作更愉快。

爱迪生的工厂不断扩大。职工最初只有18人，不久，由于订单增多，职工人数增加到150多人了。爱迪生招来另外一个人，此人叫威廉·昂格，是该公司的合伙人。他们雇人干活，为西方联合公司提供爱迪生所发明的东西。他的工人中有许多人跟了他很多年，他们营造电动的钟表或其他机器，如英国工程师查尔斯·巴切勒、瑞士钟表匠约翰·克罗西、德国技师西格蒙伯格曼，以及无所不通的约翰·奥特等。他们所得工资不高，因此希望多干工作。

当爱迪生完成某项重要工作时，他就给工人们增加工资，所以优秀的工人都想到爱迪生的工厂工作，而且工作很努力。当他们完成一项难度大的工作后，爱迪生给工人们在实验室开宴会，或者关闭车间，带全体工人出外钓鱼。

爱迪生经营有方，使得工人们对爱迪生简直到了顶礼膜拜的地步。他们相信，爱迪生的脑袋本身就是一台精巧的发明机器，只要人们预见到将会发生什么问题，爱迪生总能及时加以解决。据熟悉爱迪生的工人们说，爱迪生的办公桌通常放在车间的墙角。每当他完成一项发明时总要立即站起来，开始跳一种类似于非洲大陆上班图人跳的那种原始舞，借以表达他完成发明的喜悦心情，而且，嘴里还不停地咒骂，埋怨为什么这么简单的解决办法当初怎么没想到等等。这已经成了一种标志信号，工人们一看到爱迪生跳舞便会围过来，接受这位老板的明确指示，先是绘图，接下来是制造。这个时候，爱迪生在工厂拼命干活。有一次，爱迪生接了差不多3万元的通信机的订单。但是机器有毛病，不工作。爱迪生把全体职工召集在一起，他说："不把这宗货品完成，谁也不能出去一步。"

他们连续工作了60个小时，爱迪生和职工们几乎都没有睡觉，一直啃着面包在工作。工人们的妻子站在车间外面哭叫，她

爱迪生传

们中的一些人通过窗户把食品袋推进去。

爱迪生没有改变他的主意，直到机器完全修好，完成这批订货，门才打开。但是没有一个工人对爱迪生有怨气，虽然等候在大楼外面的妻子们的心情不一定如此。

机械完成之后，爱迪生对大家说："回去好好睡一觉，睡醒后如果觉得在这儿工作不好，那么不必回来。"可是，还不到24小时，全部职工又回到工厂来了。职工们看到爱迪生对机械的优秀才能和本身率先做职工们两三倍的工作，打心底里佩服他。

爱迪生这时24岁，和童年时代一样，头发蓬乱，大大的头，一对蓝色的眼睛。虽然他的许多工人年龄比他大，但他们都叫他"老人"。

他在纽瓦克待了5年。这5年对爱迪生来说是辉煌的5年。他将厂房的一部分用作实验室，有时他独自一人在实验室里做实验、搞发明。

他是一个著名的发明家。因此，许多发明家专程来纽瓦克拜访他。他除了花很多时间应酬、接待这些发明家以外，还花许多时间寻找其他人的新机器上的毛病，他的脑海里充满了发明。

青年时代的爱迪生

爱迪生能够以自己的努力而发明出各种东西，得益于他的母亲。对于母亲的伟大，爱迪生有说不出的感恩之情。一天，爱迪生收到家信，获悉母亲病危，便立刻赶回家去。好不容易赶着见到了母亲，母亲的头发已经全白。因病而消瘦的母亲，无力地睁开眼睛，对爱迪生说："是爱迪生吗？""妈妈，你一定要好起来，我的工作才开始呢！"他握住母亲的双手。母亲低声叹息着说："爱迪生，我不行了！我会在天上看着你工作的。"

爱迪生泪如雨下，泣不成声。对爱迪生来说，母亲比谁都重要，可是，现在这位他最敬爱的母亲即将离开人世了！"爱迪生，不要哭，你还年轻，以后也许会碰到更多痛苦或不愉快的

第三章　引人入胜的发明

34　给人类带来光明的伟大发明家

事，可是你不能气馁，要有勇气，面对希望。"母亲好像教导小孩子似的，慈祥地鼓励他。

1871年4月9日，爱迪生的母亲与世长辞了，享年61岁。

这令爱迪生非常难过。曾经引导他进入科学世界的最好的老师，世界上最好的妈妈，离开了这个世界。

在妈妈的墓地前，爱迪生默默地低着头。妈妈不仅给了他生命，而且教育了他、培养了他。在他退学时，妈妈没有责怪他，一直鼓励他、理解他，帮助他自学。在他小时候因为做实验而闯祸时，妈妈从来没有责怪过他，而是耐心地教导他。

在他12岁开始独自一人出外谋生时，妈妈在他身后一直关注着他，妈妈就是他的强大后盾。是妈妈的爱和理解保护了他又动脑筋、又动手的天性，这对他的发明创造无疑是极大的帮助。没有妈妈，就没有我们今天所熟悉的发明大王——爱迪生。

爱迪生在妈妈的墓碑前暗暗地发誓：一定要再发明些大众需要的东西，来报答妈妈的养育之恩。

▶ 遇到她

就在爱迪生夜以继日地埋头工作之时，爱神丘比特之箭悄悄地瞄准了他。

1871年的秋天，当枫叶染红了街道时，爱迪生人生中另一个重要的女人出现在他的视野里。她叫玛丽·斯蒂威尔，是纽瓦克工作室新来的一名职员。

玛丽年方二八，正值豆蔻年华，相貌秀丽，双眼皮大眼睛，鼻梁高挺，嘴唇有着圆润的弧线，头发浓密蜷曲，全身散发着娴静妩媚的气质。爱迪生看到她的第一眼就被深深地吸引住了。

做事果断的爱迪生面对心仪的姑娘，同样表现出干脆直爽的特点。一有空闲的时候,他就会来到玛丽工作的地方,用火热的目光看着她。玛丽在他的注视下常常羞红了脸,手足无措地不知该干什么才好。

没过几天,爱迪生就鼓起勇气向玛丽表白了自己对她的爱意。玛丽被他的大胆直接吓住了。她张口结舌地不知该怎样回答。爱迪生用调皮的口气对她说:"你不用紧张。除非你现在就想嫁给我,否则你不必急着答复我什么。"玛丽被他的话逗笑了,两个人之间的气氛一下子缓和下来。

从这以后,玛丽的心扉被打开了。她也开始将关注的目光越来越多地投向了爱迪生。爱迪生和玛丽在生活、工作和感情上都有着相同的见解。在她眼里,爱迪生智慧过人、富有激情、充满活力。而且随着爱迪生的发明成果不断地投入市场,他的知名度越来越高,已经是远近闻名的青年才俊。能得到这样一个优秀年轻人的青睐,哪个姑娘能不动心呢?玛丽情感的天平很快就倾斜到爱迪生这边。爱迪生也非常喜欢玛丽的善解人意和勤劳,两人的感情日益亲密。

几个月后,爱迪生向玛丽正式求婚。玛丽高兴地答应了。虽然玛丽的父母考虑到女儿年纪还小,建议他们晚一年再结婚,但两颗火热的心已经不愿继续等待下去,他们决定就在这一年的圣诞节举行婚礼。

圣诞节在他们的期盼中很快到来了。当天,在礼堂里举行完仪式之后,来宾们被邀请到爱迪生的新居参加婚庆晚宴。

16 岁时的玛丽·斯蒂威尔

美味佳肴陆续摆上了桌子,宾客们也纷纷就座。可是此时的爱迪生似乎有点神不守舍。他眉头微蹙,眯缝着眼睛盯着眼前的桌布,不知在想些什么。玛丽注意到他的反常神态,就悄悄地拉了拉他的衣角。爱迪生察觉到了,抬起头来,对玛丽和旁边的几位宾客说道:"非常抱歉,我要失陪一会儿。实验室里有件十分紧急的事情需要我去处理一下。"说完，他不等大家有所反应，就匆匆起身离去。

原来这段日子，自动发报机的研制正处于攻关阶段，因为几个技术上的难题，实验进入了死胡同。爱迪生每天都在苦思冥想着怎样才能突破目前的僵局。刚才他突然想出了一个新的解决方案，所以就顾不得自己是今晚的主角，离开宴席直奔实验室去了。

玛丽原以为爱迪生一会儿就能回来。可她左等右等，始终不见他的影子。眼看着饭菜都凉了，宾客们交头接耳，议论纷纷。玛丽不由得又气又窘，她从来没有遇到过这样的场面。可现在她是唯一的女主人，她只好强作笑脸，装作若无其事的样子，招呼大家用餐。

就这样，玛丽如坐针毡地硬撑着主持完了晚宴。爱迪生竟然还是没有现身。原计划的一些庆祝活动也因为新郎的缺席只好取消。夜色渐深，宾客们等不及新郎回来了，开始陆续告辞。玛丽站在门口，带着歉意一一送走了客人。

等大厅里只剩下玛丽一个人时，她委屈的泪水终于忍不住夺眶而出。

当曙光映在实验室的窗玻璃上时，爱迪生正穿着礼服在里面忙碌着测试设备。工程师约瑟夫·莫里刚好有事提早来到了实验室。他推开屋门，看到爱迪生正身着礼服埋头工作在实验桌旁，不由吃惊地喊道："爱迪生先生！你怎么会在这儿？昨晚不是你的新婚之夜吗？"

听到他的叫声，爱迪生如梦方醒，抬头看了一眼窗外说了声："糟糕！"然后收拾好手头的东西，急匆匆地向家中赶去。

爱迪生轻手轻脚地走进卧室，看见玛丽已经和衣躺在床上睡着了，她的眼睫毛上还闪着晶莹的泪珠，爱迪生暗暗心疼。等玛丽醒来后，他向她许诺说，以后决不让她再受这样的委屈了。

婚后，夫妇俩住在纽瓦克的一所单独住宅里。他们俩还去了尼亚加拉大瀑布度了一次短暂却幸福的蜜月。两人真心相爱，却并不像其他的新婚恋人那样形影不离。

事实上，爱迪生并没能履行自己的诺言。因为一工作起来他就会浑然忘我，常常通宵达旦地待在实验室里，让玛丽独守空房已经成了家常便饭。欣慰的是，玛丽非常理解丈夫，玛丽一方面钦佩丈夫对事业的热爱和投入，一方面也渐渐习惯了他的工作方式。对于爱迪生的生活，她也照顾得无微不至，她默默地承担着家里的事情，这使爱迪生可以腾出更多的时间投入到发明实验中去。两年后，他们有了爱情的结晶——一个可爱的女儿。三年后又生了一个儿子。爱迪生在为儿女取名时也表现得与众不同，他用莫尔斯电码所使用的符号为女儿取名为"多特"，英文是"Dot"，意思是"点，逗号"，为儿子取名为"德西"，英文是"Dash"，意思是"长横线，破折号"。一家人其乐融融，幸福无比。

　　爱迪生也是一个与众不同的父亲。他喜欢孩子，但他同孩子们玩耍的方式却不受孩子们欢迎，因为实在不够温存体贴。当他偶尔与全家共度周末时，他与孩子们在一起玩粗野的游戏，开玩笑戏弄他们，孩子们常常被他气得哇哇大哭，他的妻子也常常对此哭笑不得。

名人名言·励志

1. 富贵不淫贫贱乐,男儿到此是豪雄。

 ——〔北宋〕程颢

2. 深窥自己的心,而后发觉一切的奇迹在你自己。

 ——〔英〕培根

3. 流水在碰到底处时才会释放活力。

 ——〔德〕歌德

4. 那脑袋里的智慧,就像打火石里的火花一样,不去打它是不肯出来的。 ——〔英〕莎士比亚

5. 多数人都拥有自己不了解的能力和机会,都有可能做到未曾梦想的事情。 ——〔美〕戴尔·卡耐基

6. 幸运并非没有恐惧和烦恼;厄运也决非没有安慰和希望。

 ——〔英〕培根

7. 成功的唯一秘诀——坚持最后一分钟。

 ——〔古希腊〕柏拉图

8. 不应当急于求成,应当去熟悉自己的研究对象,锲而不舍,时间会成全一切。凡事开始最难,然而更难的是何以善终。

 ——〔英〕莎士比亚

9. 过去属于死神,未来属于你自己。

 ——〔英〕雪莱

10. 不要慨叹生活的痛苦!慨叹是弱者。

 ——〔苏联〕高尔基

第四章 Edison 高歌猛进

> 我所做的一切绝对不是来自偶然，所有的发明都出自实践。
>
> ——［美］爱迪生

▶ 四通路系统电报机

爱迪生在给他父亲的信中写道:"我最近在电学上又有了一个新的发现,我曾把它在费城宾州大学的美国科学会的例会上公布。他们都认为这是一个别出心裁的重要发现呢。"

有一天,西方联合公司总裁奥顿又把这27岁的发明家叫进办公室来,要他试验四通路系统电报机。

"你能供给我8个电报生和一些电线让我试验吗?"爱迪生问道。"晚上你用地下室好了,那里地方很大,你可以在邻室间试验通信。你要的电报生我可以给你。"奥顿回答。奥顿如约派了8个人供他指挥。8个人分派两室,每室中两个收,两个发。爱迪生来往于这两室间,调节校准那些机件。

他把其他事情都搁置一边,全部精力投向这项试验之中。这时,他的钱已经快花完了。债主对他加紧压迫,扬言将变卖他的财产抵偿债务。他为了不使门上插上红旗,每天便得缴付郡长5美元的罚金。

他面临的问题之一是,使电流保持绝对平衡。经过无数次试验,他成功了,这项试验在他以后的电话发明中起了很大的作用。

爱迪生找到了平衡电流的方法,决意将试验深入下去。1873年年初,爱迪生与西方联合公司达成默契。爱迪生同意将自己的专利卖给该公司,把西方联合公司的总工程师乔治·B·普莱斯科特作为共同发明人,而该公司则根据双方认可的价格加以收购。

然而,西方公司总裁威廉·奥顿认为,付给爱迪生1万美元试验费风险太大。于是爱迪生没有资金,便从自动电报公司搞来了这笔钱。爱迪生现在有1万美元现金，足以偿还欠下的债务，所以他继续研究四通路电报机。

1874年的深秋，爱迪生来到西方公司的电报房进行试验。线路连接的两端是纽约和阿尔巴尼。当时，天气恶劣，试验受到了风暴侵扰。尽管如此，由于爱迪生意识到试验中会出现困难，有思想准备，并在纽约选用了最出色的报务员，试验结果证明，他的四通路机性能良好。后来它被安装在连接纽约与波士顿和费城的线路上。到1874年12月底，关于四通路机的研制工作接近了尾声。西方联合公司答应付给爱迪生5000美元，并出价2.5万美元购买有关专利，每年还付给他233美元，作为使用这种设备的每条线路的使用费。

但是西方联合公司未能践约。奥顿离开纽约后，该公司的总监埃克特将军通知爱迪生，说西方公司将拒付任何款项。他说，杰伊·古尔德想购买这种四通路电报机专利。

关于古尔德，人们说他是靠制造"恐惧和恐慌起家"的，他"在以金融欺诈和恶棍行为著称的世纪中，总是不择手段地损害自己的朋友。"爱迪生晚年描写古尔德之为人，谓其"冷酷无情，良知痹痿；不知建设事业之可贵，但解图利而已"。

但作为平衡，他又表示自己对古尔德毫无怨言："因为他在他的行业上是颇为能干的，只要我的试验成功，其他问题是次要的。"

12月28日，爱迪生在纽瓦克工厂给古尔德演示了他的四通路电报机的性能。1月4日，他被召去古尔德在曼哈顿区的寓所。爱迪生要古尔德出价，对方的出价是3万美元。

这3万美元，使爱迪生渡过了难关。然而，他在后来写道：

"这笔钱我全部用来试验一种六通路的电报机,结果未能成功。从财政的角度上看,如果不发明那个四通路系统电报机,也许我的经济状况会比现在要好些。"

控制西方联合公司的古尔德在这笔交易中获得巨额的好处,可以说是掠夺了爱迪生的成果与利益。

爱迪生敌不过古尔德,到1875年,爱迪生同古尔德的关系断绝了,而同他的诉讼纠纷却延续了30年之久。

爱迪生发明四重电报机后,大家都称这是继莫尔斯以后电报学上最重要的贡献。

1875年,爱迪生在无意中做过电磁波的实验。他注意到继电器工作时衔铁间放出的电火花。但是,他不理解这一事实的意义。而且,他正在为迎接1876年费城举行的庆祝美国成立100周年博览会而忙碌着,他当时正埋头试制炭质电话机和留声机。这些事情迫使他放弃了对此现象深入研究。几年以后他曾表示:"当我初次发现它时,我把它看成是极讨厌的现象。那时我正忙于无数其他的试验,无暇对它做进一步的了解。我只是观察到了结果,然后就把它送给了别人。他们接过我的发现,取得了新的成果。"1888年,赫兹的电磁波实验获得成功后,爱迪生十分惋惜地说:"使我感到迷离的是,为什么我没有想到利用这些结果。"

爱迪生将打字机改良成功,也是纽瓦克时代的大事情之一。一天,克利斯托弗·莱瑟姆·肖尔斯拿来一部用木头做的打字机模型,请爱迪生帮忙。爱迪生答应了他的要求。

这个模型经过爱迪生改良而成为很好的实用品,也就是后来的名牌:雷明顿打字机。打字机完成的时候,爱迪生高兴地说:"这样,写字的时间可以缩短,政府和公司的办事效率可以提高,不用多久一定有很多人要买。"

事实上,开始要买的人并不多。因为当时大多人都认为,书信应该用手写,才能让对方知道自己的诚意,如果用机器写信就显得不太礼貌。可是用过打字机的人都说:"这太方便了。"于是，越来越多的人使用打字机，以至后来打字机的使用者遍布世界各地。

▶ 谁发明了电话

在门罗公园，爱迪生把相当大的精力投入到电话的发明上。正当爱迪生为电话机怎么能够准确地传送声音而费神的时候，另外有两位科学家也产生了同样的想法，并开始从事电话的发明研究。那就是有名的亚历山大·格雷厄姆·贝尔和伊莱沙·格雷。虽然只是偶然，但是却已表明，电话的研究终究会引起竞争。爱迪生的研究出现了可喜的进展，他便于1876年1月14日向专利许可局申请"许可权保护"。就是说，近日就要提出申请许可，请保留不要接受研究项目相似的申请。

贝尔在1876年2月14日完成电话的发明，正式向美国政府申请发明电话机的专利许可证。

在同一天格雷也完成了这项发明，正式申请专利许可证。而格雷只比贝尔迟了两个小时。

可见当时他们的工作进度是多么接近！

开始的时候，人们只认为贝尔发明的电话很有趣，但并没认识到它的用处。在费城的博览会中，这种电话竟被一些人当成了玩具。

然而，贝尔不甘心他的发明被人们当作玩具，为了电话能在公众中推广，从而发挥电话潜在的作用，他开了好几次演讲会，重复各种有关电话的说明。尽管遇到了很大的阻力，但是贝尔在不断的努力下还是见到了效果，他所发明的电话终于开始被人们使用。1877年，第一份用电话发出的新闻电讯稿被送到美国波士顿的《世界报》，它标志着电话已被公众认可，并且开始使用。同年，贝尔成立了贝尔电话公司。电话行业从此迅速发展。

西方联合公司的董事长威廉·奥顿听说贝尔公司成立时，心里感到不安，因此，他屈尊到门罗公园的爱迪生研究所请爱迪生改进电话。就这样，爱迪生在门罗公园的研究所开始了一项新的研究课题——电话的改进。而电话送话器是最突出的一项成果。

爱迪生发明的电话机

在当时，爱迪生没有关于电话方面的任何经验，也没有书本可以参考，只能凭想象进行。他认为，要让送话器和受话器分开是首要的工作。于是他跨入了一个全新的研究领域。爱迪生认为电话在构造上必须简易，声音才有可能清晰。爱迪生在寻找电话机中应用的材料时，忽然想起了"平衡电流法"，这是两年前在试验四重电报机时的一个发现，他思索着是否可以利用这种现象来改进电话机。

很快，爱迪生成功地发明了传话器，他的电话发音很洪亮，只是清晰度差一些，没有贝尔式电话清晰。

其实，西方联合公司对于爱迪生的电话试验非常关注，奥顿董事长和爱迪生也特别亲近起来。一般人对于这"电气玩具"的态度也在逐渐改变，用户也在逐渐增加。那一年春末，奥顿邀请爱迪生来纽约，要和他签订合同，合同规定西方联合公司有权采用他的一切发明，并答应五年中每周付给他150美元酬金。爱迪生便和西方联合公司的律师劳雷商议。30日后，合同签订了，爱迪生就把他的独立传话器申请专利。

有一次，爱迪生把传话器放在一碗水的上面，从碗中引出一条湿纸来代替传话器的膜板，他又在膜板后面加上上千粒的小木

45

炭屑，每粒炭屑下面又各自有一个弹簧，弹簧可以自由弹动。爱迪生发明的这种传话器就是微音器的前身。

同时，爱迪生还试验一种动力传话器，发话、收话都很成功。传话器中用黑铅或石墨时音质很清晰，但是音量方面还不能满意。于是他用一块填满黑铅粉的圆布做试验。

爱迪生在1877年上半年的工作大概就是这样，这阶段的工作同样伴随着许多困扰与艰辛。他试验了载电电话机、静电电话机、电力电话机。爱迪生为了找到一种能够发出比贝尔电话声音更大的材料，他试验了50余种不同的传话器和许多不同的电话机。每一部电话送出的声音比以前发明的电话的声音都大而清晰，但爱迪生对这些电话机仍感到不满意，他还要继续试验。

爱迪生尝试着用海绵、纸张、石墨等各种物质充当送话器盒子的填充材料，但每次尝试的结果都不尽如人意。他又开始尝试着用各种纤维作为实验材料，但还是失败了。此后的好几个月爱迪生都在不断地尝试各种物质作为实验材料。直到一天晚上，爱迪生在实验室做试验时，油灯不亮了。他发现一种被称为炭黑的东西把灯的玻璃罩子熏黑了。爱迪生把这炭黑刮下来涂在一个金属的轮状物上，用这种物质制成了小盘装在电话里。产生了极佳的效果，它发音清晰，音量比使用电磁原理制造的电话要大几倍。

爱迪生的研究终于完成了。1877年4月，爱迪生申报了这种碳阻电话传送器的专利，因为专利纠纷问题，爱迪生的这项专利直到1892年5月才得以批准。

爱迪生的"碳素送话机"和现在我们使用的一样，这种送话机比贝尔的更为优越。在贝尔电话系统中，人的声音只是用来开闭控制任意强度电流的阀门。从应用的角度讲，爱迪生的受话器还具有另一个突出的优点：在贝尔系统中，通过导线，连接电话机的是原有的弱电流，但是在爱迪生的装置里，电流通过初级线圈，线圈就能产生与之相应的然而却要强得多的电流，这种电流通过导线传向接收机，通话的距离就从几英里一下提高到了数百英里。

电话到底是谁发明的,是爱迪生还是贝尔?这个问题反复提出讨论,双方在法院争论了11年之久,最后法庭判定贝尔是发明人,而使电话的性能更加完善的人,则是爱迪生。

虽然法律长时间地对爱迪生的碳阻话筒技术不予承认,但西方联合公司还是想要爱迪生发明的送话器,希望能出让给他们。爱迪生自己认为这项技术可值2.5万美元。他先请奥顿出价,奥顿的回答是10万美元。爱迪生同意将这项技术转让给奥顿,但他有一个附加条件,即公司不要一次付清10万美元,而是每年付6000美元,分16年付清。

爱迪生不善理财由此可见一斑,因为每年6000美元只相当于10万美元的利息,西方联合公司只需要付利息就行了,爱迪生等于白白损失10万美元的本金。爱迪生的理由是:我的雄心比我手中的钱多得多。我知道,如果这笔钱一次性全交给我,我会一次性全部花在实验上,所以我要让自己无法做到这一点,这样,在未来的17年,我都能保证在生活上不至于遇到太大的困难。

奥顿得到爱迪生的碳阻送话器后,便开始向贝尔发起进攻。不久,他在西方联合公司的支持下,用30万美元开办了美国电话公司。碳阻送话器一经采用,贝尔电话的租户也立刻要求获得与此性能相同的设备。

赫伯特·卡松在他撰写的电话史中写道:"贝尔系统新的总经理刚一上任,立刻面临着如何与西方联合公司竞争的难题。西方联合公司具有性能更佳的送话器,有大批的经销商,有电话网及4000万美元的雄厚资本,因而所有报纸、旅馆、铁路和交通枢纽等阵地,均被它占领。这样,贝尔系统每迈出一步便要付出极大的代价。不久贝尔的几名'大将'都相继背叛,迫使他不得不亲自掌管他们遗弃的岗位。每当拆开信件,不是给他带来丧气的新闻,就是给他吹来失败的冷风。"

这样,爱迪生与贝尔发生了非常激烈的争执。1878年秋,碳阻送话器被送到英国并进行试验，试验结果很成功。试验以后，又在英国皇家学院做了表演。试验时，在线路的一端用了爱迪生的送话器，而另一端的收话器却是贝尔的电磁系统。因此，贝尔在伦敦的代表雷诺兹上校马上提出警告：除非爱迪生今后停止使用贝尔装置，否则将指控他侵犯专利。爱迪生在伦敦的代表古劳德上校立刻将这一消息电告爱迪生。爱迪生听后，表示要设计出一种绕过贝尔专利的电话接收机。于是，他立即停止对白炽灯的研制，与全体研究人员一起全力以赴地投入了电话技术的攻关。爱迪生用了不到三个月的时间，绕过贝尔专利，拿出了新型的、声响更大的收话器。

1879年3月，爱迪生的侄子查尔斯带着这架收话器到英国。4月，这台机器和碳阻送话器一起拿到皇家学会表演。送话器装在皇家学会在阿尔比马勒街的实验室，收话器安在皇家学会的伯林顿馆，收听效果很好。为了让贝尔的阵营相信，爱迪生一方面对待此事并无认真之意，爱迪生另一方面宣布，这架收话器是为了试验在5天之内赶制出来的。

不过，爱迪生的接收装置确实存在缺点，其中之一就是要不断地转动白垩滚筒。尽管如此，爱迪生的这种"电化学电话"还是比它的前身前进了一大步，将它拿到美国科学促进会表演之后，爱迪生本人赢得了巨大的声誉。

爱迪生与贝尔之间的争斗到1879年8月30日，发展到了白热化的程度。

这天，爱迪生和贝尔都来到了萨拉托加溪市的市政厅，现场表演各自的电话设备。这时，爱迪生的新型电话筒已经回避了贝尔系统所采用的设计方法，代之以马达驱动式的"马达驱动接收机"。对于这次比赛，《纽约论坛报》评论说："爱迪生的电话声压倒了一切，听众们可以清晰地听到'曾经有位小姑娘'等优美清新的歌声。"

评论提到当爱迪生登上讲台时的表现：他的姿势真说不上漂

亮，但他的眼睛却异常有神，他坦率而真诚，唯一的不足是他讲话有点不连贯，不过倒常常说到了点子上……

在表演之前，在英国的古劳德上校成立了爱迪生电话公司伦敦分公司。爱德华特·约翰逊被派到那里，建起一座电话交换台，旨在与贝尔电话唱对台戏。当时，英国人认为电话既有利也有弊，《泰晤士报》甚至发表一些有趣的看法："人们普遍抱怨，由于电报的发明，现代生活，特别是商业生活的情况几乎变得令人难以忍受；电话的来到，则势必会造成更大的混乱"。由于人们的某些偏见，古劳德上校在推销电话时遇到了困难。但是，古劳德上校和他的部下都是坚持不懈的宣传家。他们在《泰晤士报》上发表文章，介绍电话装置，以说明电话给人们带来的方便。爱迪生的这位经理写道："某先生在离开家到外面狩猎时，电话还没有安装，虽然电线已经拉了过去。在他外出不久，电话便装设完毕。等他一到家，我们就通过交换台，让人把重要信件读给他听，并请他在电话中回答问题。由于他需要与自己的律师谈话，我们交换台的接线生就依照报上刊载过的那种电话技术把他与律师之间的线路接通。尔后，纽约来了一份重要电报，他又通过电话在3个小时之内给了美国回答。本来这些工作要让他在城里跑上大半天，可现在仅用少量的时间，在书房里就完成了。"

至此时，爱迪生和贝尔两家敌对的公司在伦敦展开了激烈的竞争。当时任英国邮电部总工程师的传记作家威廉·普利斯说："他们双方的工人把电线拉满了屋顶，并相互制造故障。当双方遭遇时，就会在屋顶上发生小小的混战。"这两家公司谁也没有绝对的技术优势。贝尔公司的听筒性能优良，受话器却不行；爱迪生的受话器虽然领先，但他的听筒有时却发生毛病。因此，当时双方主要是在较量谁的维修工作更佳。爱迪生对派往英国的技术人员实行严格的考核。他安装了一座交换台，配备了10台新电话机，在考核之前，他亲自出马，不是截断某一电话的线路，就是把它的部件搞乱，再不就使电极变污。他说："如果谁能连续解决10个问题，每个问题平均不超过5分钟，我就派谁去伦敦。"

爱迪生和贝尔两家公司在宣传方面也展开了争斗。爱迪生公司宣称，贝尔系统的电话构造"只不过是一块磁铁和一只线圈，声音通过它们送进线路以后，音量在中途便消失了大半。而在爱迪生先生的电话设备中……人们听到的声音，其清晰程度与当面讲话毫无区别"。贝尔公司则说，以上所谈纯属撒谎。他们指出："爱迪生的电化学电话很难说是一种实用的设备。在美国和欧洲大陆，许多地方已废止了这种设备，而且有个国家的权威人士还发现它的工作效果难以令人满意。"一位电话史专家指出，这一说法也"不完全符合事实"。

1879年秋，贝尔公司抢先一步，获得了一项改良后的碳阻受话器的专利权。但这一专利并不那么重要，因为它不能用于长途电话。尽管如此，若非英国邮电部施加压力，贝尔公司也会由此迅速发展。

爱迪生和贝尔的争吵终于因英国对电报电话的管理办法而平息。1879年9月，英国规定私人电话公司必须向政府申请许可证才允许在英国开展业务，进行营业活动。面对政府的压力，两个都不想申请许可证的私人电话公司决定握手言合，并于1880年6月8日将双方在伦敦的分公司合并为联合电话公司，同时申请了30年营业许可证。古尔德电告爱迪生说，你的股份是"3万"，爱迪生马上表示接受。当草拟的契约寄给爱迪生时，他才发现所谓3万乃是3万英镑。他原以为是3万美元，这大大超出了他的预料。联合电话公司的成立，使爱迪生和贝尔持续3年的电话之争宣告结束。

随着电话的推广，它的结构和性能也不断地得到改善，电话机的改进又推动了电话线路的建设和电话交换装置的发展。1884年，在波士顿与纽约之间架设了第一条实用线路，1886年纽约和费城之间也架起了电话线。到1880年止，美国大约有5万人在自己家中或办公室安装了电话；到了 1910 年，有 700 万台；1922 年则为此数目的 3 倍。到 20 世纪 90 年代，出现了既可听到对方的声音，又可看到对方的形象的可视电话。

▶ 会说话的机器

爱迪生在试验改进电话时，突然发现了一个新奇的现象。他发现传话器里的膜板，能随着说话的声音震动。声音高，震动快；声音低，震动就慢……灵感火花一下照亮了爱迪生充满智慧的大脑。他找到了发明那种机器的突破口——从研究震动开始。

一连几天，爱迪生吃不下饭，睡不着觉。他像着了魔一样，在实验室里进行探索性实验。当时正是盛夏，天气闷热。爱迪生待在实验室里，总是忙得大汗淋漓。他又顾不上吃饭，饿了只随手拿两个馅饼，渴了喝上一杯助手为他准备的咖啡。经过四天四夜的艰苦奋战，终于取得了突破性进展。爱迪生压制不住心中的喜悦，在笔记上写道："试验证明，要把人的声音完整地储存起来，什么时候需要就什么时候再放出来，是完全可以做到的。"

1877 年 8 月 20 日清晨，爱迪生起得特别早。他兴冲冲地走进办公室，将一张机械设计图交给了他的助手，请他马上试制出来。这个助手是个技术很高明的机械师，他拿着图纸看了很久，可怎么也看不出来这是干什么用的。

"先生，这是什么玩意儿呀？"机械师忍不住地问道。

"这是一台会说话的机器，请你赶快照图样做出来。"爱迪生把手一挥，急不可待地说。

机械师从来没有听说过有会说话的机器。他听了爱迪生的解释，脑海里打了一个大问号。"要想知道究竟，还是马上制作出来吧。"机械师心里想。于是他马上赶到车间,照图样制作起来。

机器很快就按照爱迪生的图样制作出来了。爱迪生像往常一样,把热心的新闻记者们请到了门罗公园,他要当众试验他的新机器。

记者们如约而来,都想对爱迪生的新发明先睹为快。大家看到桌子上摆着一架机器,看模样并不复杂:金属筒、金属管、一个针头、手柄,还有金属筒上刻着的纹路。

有记者问道:"请问爱迪生先生,这是架什么机器呢?"

爱迪生笑着说:"这是架会说话的机器。"

"会说话的机器?"在场的人都不相信这台机器会说话,有的人还打趣地说,爱迪生在"开国际玩笑"。说实在的,不但当时的人们很难把这种古怪的机器和"会说话"联系起来,就是在今天,我们乍一看到这个东西,也很难猜出它是干什么用的。

爱迪生见大家一副半信半疑的样子,微微一笑,不慌不忙地说:"大家别着急,等我给你们演示一下,看它到底能不能说话。"

爱迪生将一切准备好后,他就开始摇手柄:一面转动,一面对着那个碗口大的金属筒唱起歌来:"玛丽有只小白羊,它的绒毛白如霜……"

然后,爱迪生停下来,手柄摇回到原来位置。"大家注意听着。"爱迪生对在场的人说道。

场下寂静无声,大家都在聚精会神地听着。

只见爱迪生重新转动手柄,一个熟悉的声音顿时传入在场听众的耳朵,声音虽细微,却清晰入耳:"玛丽有只小白羊,它的绒毛白如霜……"

这一下把大家都惊呆了。过了一会儿,不知是谁喊了起来:"我的老天,真是会说话的机器呀!"

"您发明的机器叫什么名字呀?"记者们亲耳听到了机器在说话,再也不能不相信了,他们一个个都活跃起来,开始向爱迪生提问题。

"我给这架机器取名叫'留声机'。"爱迪生抚摸着心爱的机器说道。

门罗公园里沸腾了。记者们将这条消息传遍了全国，举国上下都为这项发明所震惊，人们称爱迪生为"门罗公园的魔术师"。

很快，爱迪生的这项发明传遍了世界。1878年的春天，爱迪生在英国举办了留声机展览。法国政府还为这项发明给爱迪生颁发了奖金。为了表彰爱迪生的发明，当时的美国总统在白宫接见了他，总统和政府官员观看了留声机表演，都赞不绝口。

但是，一件事情有人说好，必定有人说坏，尤其是新事物。有些人根据自己的想象对爱迪生的发明，进行了一些不负责任的评论。他们怀疑爱迪生在机器里作了弊，说这只不过是一场魔术表演而已。

有一个纽约的牧师听说了关于留声机的事情，他不相信一堆金属组合到一起后可以模仿人说话。于是他亲自到门罗公园去观看留声机的表演。

到了门罗公园，爱迪生将留声机演示给他看。可他看了仍然认为爱迪生一定是耍了什么小把戏，把善良的人们给蒙骗了。他决定亲自试一试。

在征得爱迪生同意以后，牧师对着机器以令人难以置信的速度背诵出一堆人名，这堆人名莫名其妙、稀奇古怪，谁都没有听说过。爱迪生当然明白牧师的用意。"这只不过是给留声机又一个大显身手的机会而已。"爱迪生心想。

牧师跟爱迪生说："我的表演结束了。现在看看你的机器是否能说出跟我所说的一样的话。"

爱迪生一笑，迅速将手柄复位，于是让牧师目瞪口呆的事情发生了，机器把牧师的话原封不动地重放了出来。一旁看热闹的人齐声叫好，只有牧师好长时间没有回过味儿来。

事后，牧师诚恳地向爱迪生表示了他的歉意："爱迪生先生，在此之前，我一直以为留声机只不过是骗人的玩意儿而已，今天我才相信这一切都是真的。因为，世界上除了上帝以外，没有人能像我一样熟悉这些奇怪的名字。"

爱迪生也很诚挚地说："新事物总是需要经过很长时间才能被人们所接受。我相信，总有一天，所有人都会像您一样了解真相，从而去接受它。"

像这样的事屡有发生。留声机刚传入英国时，人们也很难接受。

一位上了年纪的老先生被邀请录制声音，他很保守，根本就不相信留声机的效果。可是他分明听见自己的声音从可怕的机器里传出来，他一下子就吓得瘫倒在椅子上，失声叫道："有鬼！"

还有一位大名鼎鼎的红衣主教（天主教枢机主教的俗称。因戴红帽、穿红衣之故，又称红衣主教。）先生也禁不住好奇，观看了一位推销留声机的少女的演示。事后，他诚恳地对那个女孩儿说："你真幸运！生活在这个时代。如果是上个世纪，你一定会被当成妖女烧死。"

看来，对于一个新生事物，人们总是很难接受，但经过一个认识的过程后，人们总是会接受的。爱迪生的留声机经过考验终于为大众所认同了。

爱迪生刚开始发明的留声机还很简单，他在原有的基础上不断改进。改进以后的留声机，声音清晰逼真，被人们广泛地使用。直到晚年，爱迪生还在努力改进留声机。

名人名言·合作

1. 万夫一力，天下无敌。

   ——〔明〕刘基

2. 谁若与集体脱离，谁的命运就要悲哀。

   ——〔苏联〕奥斯特洛夫斯基

3. 单独一个人可能灭亡的地方，两个人在一起可能得救。

   ——〔法〕巴尔扎克

4. 不管一个人多么有才能，但是集体常常比他更聪明和更有力。

   ——〔苏联〕奥斯特洛夫斯基

5. 无论在战争中还是在和平时期，任何领袖只有得到了他的同伴的合作，才能起到重要的、有效的作用。

   ——〔古罗马〕西塞罗

6. 单个人是软弱无力的，就像漂泊的鲁滨逊一样，只有同别人在一起，他才能完成许多事业。

   ——〔德〕叔本华

7. 唯有具备强烈的合作精神的人，才能生存，创造文明。

   ——〔印度〕泰戈尔

8. 一条铁链的坚固程度决定于它最弱的一个环节。

   ——〔英〕多莱尔

9. 合作失败的人，常拆伙，因为彼此责难。合作成功的人，也常拆伙，因为各自居功。直到拆伙之后，发现势单力薄，再回头合作，那关系才变得比较稳固。

   ——刘墉

第五章

Edison

点亮世界

> 失败也是我需要的，它和成功对我一样有价值。
>
> ——[美]爱迪生

▶ 卓越的探索之旅

　　1878年9月初，爱迪生在康涅狄克正式拜访了华莱士先生。当时，华莱士先生在爱迪生面前把他的"远距离发电机"连接起来，并且点亮了一盏弧光灯。看到这些爱迪生兴奋起来，他聚精会神地望着那架机器。他从发电机那里跑到弧光灯处，又从弧光灯处跑回发电机旁边。他伏案计算着发电机的电力和在传送电力时可能的损失，估算发电机在一天以至一年中所能节省的烧煤量，以及在制造时节省材料所带来的影响，于是他坦率地对华莱士说道："我相信在电灯的创造上我一定能将你击倒。我认为你的工作方向是错误的。"

　　离开了康涅狄克，爱迪生回到了门罗公园研究所，他对所有的事情都置之不理，埋头研究电灯的问题，他试验了所有可以发光的气体，又阅读了几个煤气工程学会的会报。经过两夜的钻研，终于找到了答案。

　　从1878年9月开始，门罗研究所成了研究电灯的战场。爱迪生是总指挥，有七个经验丰富的人做他的助手。爱迪生首先寻找适于制作灯丝的材料，并试图设计出最佳形状。在前一年的试验中，他使用过的材料包括碳化纸、玉米蕊和各种纤维，共达几十

爱迪生设在门罗公园的研究所内观

种之多，但均未成功，因为这些材料过于脆弱。另外，缺乏良好的真空技术。爱迪生在失败中不断地总结教训，并在不断地探索。

为了研究电灯，爱迪生不得不寻找经济资助。另一个出面支持他的人，是西方联合公司的总律师洛雷先生。洛雷建议先成立一家股份公司，以便为试验提供经济资助和专利申请。经过洛雷的努力，很快找到了几个股东，他们愿意拿出30万美元来支持爱迪生搞电灯的发明，并提出与他合伙开办电灯公司，但要拥有爱迪生在电灯、电力和电热等方面的一切发明专利，并拥有将这些发明专利以颁发特许证的形式卖给他们的权利。

爱迪生欣然同意了。

现在，门罗研究所真是气象一新。实验室里，工作台一下子多了好几张。原来那点地方不够用了。爱迪生又亲自设计，在两层楼前面加盖了一幢房子，作为办公室和图书馆。还在大楼背后的空地上盖起一幢平房当机器间，那两架80马力的汽油机就装在里面。工作人员也增加到200多人。

有了5万美元的试验经费，爱迪生相信他能够发明一种取代煤气灯而且价格更为便宜的白炽灯，这种灯不会发出耀眼的火焰，不会发出噪音，也没有令人厌恶的黑烟，也就不会把天花板或家具熏黑。

在1878年秋天，爱迪生又重新用"炭"进行试验，但没有取得成功。在试验过的制灯丝的金属中，铂（一种金属元素，可制坩埚、蒸发皿，亦是化学上常用的催化剂。铂和铱的合金是制造自来水笔笔尖的材料）似乎是最理想的一种。于是他转向铂和类似铂的金属的试验，因为这些金属材料符合电阻高、散热慢的要求。同年10月5日，爱迪生提出了一份关于"铂丝电灯"的专利申请。

当时制造的灯泡还被称作"燃烧器"。这种灯泡的灯丝，是铂丝烧成的双螺旋，它们之间再加一支金属棒。当灯丝热度接近铂丝的熔点时，金属棒便膨胀造成短路，灯泡温度降低，铂丝冷却的同时金属棒也冷却下来，于是电流再次通过。

这方法虽然巧妙，但并不可靠。

全世界的人们都在等待着爱迪生公布电灯发明成功的消息，而他也正在努力地改进。改进后的一种是利用玻璃管中热空气的膨胀作用，这一次比第一次的要完善多了。

爱迪生采用铂箔制成过一盏电灯，后来又把铂和铱磨成末，和泥土等不导电的物质相混合，试制各种光度的电灯。金属质粒发热时，其氧化物也变成导体而发光了。

爱迪生对这次研究付出了全部精力，但成功还是遥遥无期。他曾把炭棒和铂杆相对地放着，两者间的阻力非常高，因此便发出白色的光来。他在这灯的下面悬一些重物，这样炭棒就经常地和铂杆保持接触。但这种灯发出的光忽明忽暗，难以应用到现实生活中。

爱迪生因为需要做大量的试验，用去了许多试验经费。这时他已经把5万美元全花光了。更糟的是，他的一部分资助人的信念在开始动摇了。爱迪生决意邀请其中主要的几个人来门罗研究所，让他们看看他为什么还没有完全成功，他还需要他们的继续支持。

是否继续为爱迪生提供资助？那批银行家认真地思考着。洛雷的信念是不可能动摇的，由于他的苦苦劝诱，他们决定再拿出5万美元钱来。又得到了5万美元的资金，爱迪生再次投入了电灯的试验。

1879年以来，爱迪生把全部精力都用在电灯的研究上。他耐心地研究并试验了制造白炽灯的每一种可能成功的方法。他试用过螺旋炭丝；他在真空的玻璃中传导电流，这也是后来霓虹灯的前身；他又设计出住宅中由电池供给电流的整个电灯系统。他下决心不但要克服那些困难，并且要征服那些一向嘲讽他的人们。他对科学的发明和进步充满了信心。

这时劳逊参与了门罗研究所的工作。劳逊对于分析化学很有研究。矿石运进实验室后，先由他判别有没有铂或别的稀有金属，然后再由另一个化学家进行检验。这个化学家名叫海德，大家都叫他"博士"，他也是刚刚加入门罗研究所的。

这时爱迪生的试验还没有完全成功，究竟是什么因素阻止了他的试验进展呢？他正在研究价格的问题，希望能够节省一些材料。"只有当电灯的价格合理时，大家才会欢迎的。"他试验了各种灯丝，但是所有这些都很昂贵，要用它们来制造电灯，推向市场后，也不会有太好的销路。

这年春天，爱迪生的试验相当顺利。他把钡、铑、钌、钛、锆等稀有金属全试用过了。他在用这些物质制成的发光丝上涂了一层被他称为"绝热质氧化物溶液"。他终于制成了一种高电阻的电灯，取得了令他满意的成绩。然而它的价格还是非常昂贵。如果能发现一个铂矿的话，困难也许就可以解决了。

第一盏较为成功的高电阻电灯中，爱迪生用的是一根细小的锆质的线轴，外面又绕着细的铂丝，再涂了一层氧化物来绝缘。他企图把这盏灯加以改进，决定放在真空中再做试验。爱迪生在进行新的试验时，发现气压表的指针转到相当角度后，突然地回复了原位。他起先以为是钟罩边上的油脂涂得太少，密封不好。他问巴切勒，巴切勒说是漏气。可是他不久就发现那是电线中的气体，因为电线在真空中有电流流过而发热，因而其中的气体被驱逐了出来。他根据这个原理，把金属吸收的气体全抽出去。这样，真空状态就受到保证。金属线在逐出气体后质地变得坚实而匀称，耐得住高温，发出的亮光也比以前更强了。

爱迪生坚持着这项试验，他更换了各种不同的材料，制成了许多不同直径、不同形状的灯丝。有些灯丝细得难以装进灯泡，有些只要一通电，立刻就会熔化。爱迪生还试制了一些复杂的灯具，他在灯上安装了电阻器、一个小金属轮来控制灯光的强弱。这样，电流的强度可以任意改变，既可以使电灯发出微弱的暗红色，又可以放出耀眼的光亮，以照遍最大房间的每一个角落。

为保证玻璃容器内有一个良好的真空状态，爱迪生整日地忙着寻找达到高度真空的办法。他觉得除了德国的斯普林格设计的大型抽气机外，别的都不能满足他的要求。可是当时在美国没有那种大型抽气机。厄普顿告诉爱迪生普林斯顿大学的勃拉克特教授曾经备有一套类似的抽气机。

　　第二天，厄普顿前往普林斯顿大学向勃拉克特教授求助，一个人扛回了那架抽气机。爱迪生又从纽约定购了一些水银，亲自把那机器装配起来。在装好后准备抽气。空气抽出后，金属线内部的气体全被抽出来，灯泡内终于发出明亮的光。

　　爱迪生一直以为碳丝是最理想的灯丝材料，他之所以放弃这种材料，只是因为以前的真空度不够，碳丝熔化得太快。现在，他又回到了碳丝的试验上，再次用各式各样的线、纤维和类似的物质作为灯丝材料。

　　4月12日爱迪生准备申请真空白炽灯的专利。这种白炽灯和后来正式成功的电灯大致相同，只是发光的物质不同而已。

▶ 电灯发明日

　　爱迪生经过长时间的潜心研究，用铂丝制成的白炽灯已经成功了，但由于铂的价格太高，不适宜于大范围的普及，不能普及的成果在爱迪生看来就算不上是成功的。所以他还要再研制出一种性能更好、价格更低廉、更适宜普及的电灯来。

　　爱迪生试验用的纸卷每次得从费城的吹玻璃人那里运来，这样既浪费时间又容易造成损失，这使他很烦恼。后来，他干脆雇了一个名叫波姆的青年为他制造"纸卷"。一天晚上，爱迪生在实验室待到很晚，他顺手拿一块压缩的烟煤在手中搓着而头脑里还在想着别的什么，不知不觉地把手中的烟煤搓成一根细线，他望着这根细线突然想到，这也许就是优良的电灯材料。

爱迪生又拿起身边的一卷棉纱截下一小段，放在炉中熏了约一小时，再把它装在玻璃泡里，抽去空气，而后把电流接上。这脆弱的棉线立即发出耀眼的光束，可是炭线禁不住高电压的电流，不久就被烧断了。他把这断线放在显微镜下检查，发现经过炭化后的棉线变得异常的坚硬了，这个意外的发现使爱迪生兴奋起来。

于是他便更加努力试验。他放弃了用棉线的方法，试用木材的细条，接着又用稻草、砂纸、线、马尼拉麻绳、马鬃（zōng）、钓鱼线、麻栗、硬橡皮、栓木、藤条、骨纤维，甚至人的胡须、头发等等，把它们当作材料来试验，试图发现一种新的适合做灯丝的材料。爱迪生先后用了近1600种材料进行了实验，但都失败了。

从10月16日开始，经过他的探索，实验终于有了新的突破，这次爱迪生又重新使用棉线，他把棉线摆成各种圆弧形，然后放在一个密闭的金属盒内，经过几个小时的炭化处理后，打开金属盒后，棉丝已成为炭丝，把它装在一个玻璃灯泡里，接通电源。果然灯丝发出亮光。可是，这样的电灯只亮了一会儿，炭丝很快就被烧断了。

虽然碳丝的寿命很短，但它却给电灯的研究带来成功的希望。爱迪生立志要发明一种体积小、亮度大、寿命长、可任意开关的电灯。千百次的试验失败并不能使爱迪生气馁，反而屡败屡战，最后是毅力战胜了技术困难，以辛勤的劳动赢得了微乎其微的概率。

在一天傍晚，爱迪生和助手们终于成功地把炭精丝装进了灯泡。一个德国籍的玻璃专家按照爱迪生的吩咐，把灯泡里的空气抽到了一个大气压的百分之一，封上了口。这为爱迪生的成功提供了先决条件，爱迪生接通电流，他们日思夜盼的美景终于出现在眼前：灯泡发出了金色的亮光！

这一天是1879年10月21日，后来世人就把这一天定为电灯发明日。连续用了45个小时后，这盏电灯的灯丝才被烧断，这是人类第一盏有广泛实用价值的电灯。

爱迪生终于闯过了难关，电灯试验成功了！

1879年11月1日，爱迪生申请并获得了碳丝灯的专利，当然爱迪生并没有陶醉于暂时的胜利之中。

于是，在其后的几个星期，他和助手们便投入了创造灯泡的工作。他不断改变灯泡的尺寸和形状，变换引入灯丝和密封灯泡的方法。

发明电灯的爱迪生

直到12月底，爱迪生才向人们宣布他的电灯试验大获成功的消息。为了利用传媒对电灯进行翔实的介绍，他约了纽约《先驱报》的记者马歇尔·福克斯，允许他随意观察和随意提问，他们为他提供一切方便。

12月21日，《先驱报》的记者福克斯最早发表了关于爱迪生发明电灯的震撼世界的报道，文章除了占据一个整版，还在下一版占了一栏。

爱迪生无意炫耀，也无需谦逊，他向人们宣布门罗公园将于1880年新年除夕用这种神奇的光源来照明。从圣诞节到新年这一周的时间里，人们成群结队地前往门罗公园，去观看爱迪生奇迹般的"未来之光"。

1880年除夕晚会是一个不寻常的除夕晚会。在1879年最后一个天寒地冻、大雪纷飞的晚上，宾夕法尼亚铁路公司的火车载了3000人来到门罗公园。他们来自纽约和费城。

眼前的盛况使人们忘记了寒冷，到深夜12点还在灯光下徘徊，久久不肯散去，到处听到有人高喊："爱迪生万岁，爱迪生万岁！"爱迪生的生命是有限的，但他的这项发明将永远伴随着人类！

取得了巨大成功的爱迪生依然守在机器旁，保证电灯发光。他穿的是旧的、到处是破洞的脏衣服。他是个不起眼的人物，谁也没有注意到他的存在。除夕晚会使用的电灯，寿命是170个小时，炭丝是用厚纸烘烤成的，用这样的炭丝做灯丝，就将电灯的寿命延长了100多个小时，在短短两个月时间里，爱迪生就取得了这么大的进步。

对于除夕晚会上产生的戏剧效果，人们有各种各样的反应。爱迪生不断收到从各地发来的信、电报和礼物，人们称赞他是一个伟人。全世界各地的新闻记者都报道了这一盛况，他们一致认为，自从阿基米德以来，爱迪生是当之无愧的最伟大的科学家，并且非常可能成为未来任何时代的最伟大的发明家。

在1879年岁末的门罗公园电灯展览之后，爱迪生对电灯设想的中心，一直是如何从中心发电装置向广大地区输送电力，而电网的设置，首先需要完善的项目是：安装在居室、寓所和商业建筑里的电力设备。1880年1月初，他提出了关于电灯、制造真空的装置和一种特殊灯泡、灯架的专利申请。到年底之前，他的专利内容达56项之多，其中有三分之二是有关电灯、发电机、辅助设备及各种形式的配电装置的申请。

在爱迪生的众多研究项目中，改进灯泡是主要的研究内容。

▶ 电车在飞驰

　　试验电力火车的想法，爱迪生早在1878年就有了。爱迪生曾回忆说："1878年我去俄明州观测日食，回程途中从火车窗口向外望，一望无际的田野，高低不平的道路，农夫们用马车载运蔬菜或小麦，马和人都喘不过气来，那时候和我在一起的派克教授曾经谈到铺设小型铁轨，让电车行驶，这样，人和马就不用那么辛苦了。"但是那时爱迪生把主要精力放在发明电灯上。

　　有一天，"北太平洋公司"总裁亨利·皮奈特来到门罗研究所，对爱迪生说："你也知道，使用蒸汽车头的火车到了山岳地带，进入隧道，煤烟呛人，司机和乘客都不舒服，尤其夏天开着窗子，进来的煤烟更大。跑山岳地带如果不用蒸汽机车头，能不能改用电力车头。""其实，早就有人在考虑这个问题了。"爱迪生回答。爱迪生告诉皮奈特总裁，当他还在美国主干线铁路卖报时，在底特律图书馆曾读过一本书，书上就写着1837年曾有一个英国人潜心研究过利用电池行驶的电车。1830年，美国也有人想制造蓄电池电车。1879年，德国西门子公司在柏林交易会上展出了一种非车载电池的五节列车，这辆机车曾载了30位乘客，创下时速为24千米的记录。机车是由一台3马力电机驱动的，这是第一台用发电机来代替电池车辆的机车。但是，西门子公司的列车有其弱点，这就是绝缘问题迫使它只能在晴天使用。"那么，德国的火车已经换用电车了吗？"总裁问道。

　　"不，还没有进步到那个程度，我想自己来发明和他们不相同的电车。"爱迪生很自信地说。

"我因为电灯的需要而制作了大马力发电机,现在只要把那个改为电气马达就行,我早已拟定了改造计划。"

爱迪生的设想引起了皮奈特的极大兴趣,他问爱迪生这项发明需要多长时间。爱迪生回答说:"只要半年就够了,不过这还需要一大笔研究经费。"皮奈特爽快地答应为爱迪生提供研究经费,但商定如果试验成功,就让北太平洋公司使用。双方很快签订了协议书,爱迪生马上投入了对电力火车的研究。

爱迪生研制的电气车与蒸汽车相似,它的装置不仅简单,而且动力强劲。爱迪生最初试做的电气车就像模型那么小,但时速达 60 千米,有 12 马力,比德国试制的那种时速为 24 千米、3 马力的电车性能好了许多。这是美国的第一辆电气机车。1880 年底以前,爱迪生提出了电气机车系统的第一份专利申请。

像对待电灯一样,爱迪生对电气铁路同样充满了信心。他亲自试车,除了享受那"穿山过谷"的乐趣之外,主要是要使电气铁路成为现实。他的行动目的就是要使电力火车服务于社会,不仅要为中西部的小麦种植者们解决运输问题,而且要大规模地取代蒸汽机车。

爱迪生发明的电力火车

爱迪生的电气机车接近成功了。在试车后,爱迪生发明电车的事很快传遍各地,每天前来参观的人络绎不绝,纷纷要求搭乘电车,以享受新事物带来的新奇。

门罗研究所的法律顾问洛雷博士听到这个消息,特地从纽约赶来,爱迪生对他说:"你也搭乘电车试一试,申请专利的时候便于参考。"两人上了客车。

这天是由克鲁齐担任司机。克鲁齐以 60 千米的时速行驶,经过急坡,拐过曲线,突然车子发出一阵怪叫,机车脱轨了,客车也随之翻倒，车上乘客全被摔了出去。幸运的是，只有司机一人脸部擦破，其他人都没有受伤。可是，由于这次脱轨，爱迪生遭到很多人的指责与咒骂。

然而，错误常常是正确的先导。这次脱轨事故，对爱迪生来说，倒成了很好的研究资料。使他想到了车子一旦危急，就可以使用相反的电流，产生反作用力以阻止车子向前冲，于是，电气制动器诞生了。

爱迪生不断地在自己的铁轨上改良电气机车的性能，不断地提出有关的专利申请。然而电灯系统的完善工作占去他越来越多的时间，所以在电气机车方面，直到1881年9月，他才迈出了第二步。在第二阶段，他设计了两台大型电气机车，客车的最高时速为96千米，可载乘客90人。研究所四周轨道延长到了3千米，有错车道的转辙器等设备，这些设备的配置，使电气机车的轨道与普通铁路具备了相似的功能。

亨利破产后，再也不能为爱迪生提供研究经费了。但诚实的亨利仍然跑到门罗研究所对爱迪生说："和你所订的协议我一定遵守，你的研究费用，我一定会想办法付给你。""皮奈特先生，就当我们没什么协议吧，但你的友情，我将永远不会忘记，感谢你的鼓励，由于你的帮助，电车才能发展到目前这种程度，皮奈特先生，你现在应该设法让自己再次站起来。"爱迪生说道。他的话中既有对皮奈特的感激，也有对皮奈特的鼓励。时隔10年，亨利·皮奈特再度成为北太平洋铁路公司的总裁，他并未忘记以前的约定，向爱迪生提出关于西部山区铁路电气化的建设规划。

爱迪生的电车研究终于成功了，但为什么不像电话、电灯、唱机等那样使爱迪生出名呢？原因在于，当爱迪生热衷于研究电车的时候，同时在美国还有一位叫费尔德的人也在从事同样的电车研究。类似的发明同时出现，就难以引起人们强烈的兴趣。

为使电气火车集团化，资本家们积极地促使爱迪生和费尔德两人就专利特许权进行合作，于1883年投资200万元成立"美国电气铁路公司"。几个月后，爱迪生与费尔德铺设了一条供表演用的铁路，共三分之一英里长，地点建在芝加哥博览会大厅。6月，博览会开幕了，在5至18日这个短短的展示期间，爱迪生的改良电车获得了很高的评价。列车被命名为"法官号"，共有三根铁轨，由中间一根向列车输入电流，两边两根用作回路，每次可乘20名旅客。

对于爱迪生来说，电气机车的研究距成功的时刻已经不远了。但电气铁路公司并没有采用，这里面的原因很多，按照爱迪生的话说："我之所以失败，是因为我不能继续干下去，我没有时间，这里需要我做的事情太多，尤其是涉及电灯方面的工作。"

其实，这不是主要原因，主要原因是铁道马车已有50年的历史了，直到1890年，曾经作为大城市的运输工具的马车才消失。但就个别旅行者而言，轻便马车仍然是旅行的主要交通工具。至少从当时的水平看，它还不是一种蹩脚的运输工具。当时的人对这种运输形式的看法与现在一般人的看法恰恰相反，1900年以前的四轮马车其实是相当时髦和舒适的。如果采用电车的话，铁道马车势必遭到淘汰，但在一些大城市的市民中，有人喜爱马车，这些人自然反对电车，以致电车很难发展起来。此外，又因公司内部存在争执，竟然导致公司破产。

又过了几年，"纽约中央公司"正式宣告成立，终于决定采用电气机车。这时，爱迪生正在搞电影的发明，他的这次发明又一次震惊了全世界。

随着电力照明系统的完善，在各个工业部门中，电动机逐渐取代了蒸汽机。1880年的时候，美国的工业还依靠蒸汽机，到1900年，电已成为一项重要能源，电力已达30万马力。到1914年，电力进一步增加到900万马力。电的使用节省了大批人力和物力，改善了工作环境，减轻了劳动强度，提高了生产效率，引发了社会生产的重大变革。到19世纪后期，美国电力工业的发展超过了老牌资本主义的英国。

名人名言·诚信

1. 言必行，行必果。

　　　　　　　　　　　——〔春秋〕孔子

2. 巧诈不如拙诚。

　　　　　　　　　　　——〔战国〕韩非子

3. 言多变则不信，令频改则难从。

　　　　　　　　　　　——〔北宋〕欧阳修

4. 生来一诺比黄金，那肯风尘负此心。

　　　　　　　　　　　——〔清〕顾炎武

5. 我宁愿以诚挚获得一百名敌人的攻击，也不愿以伪善获得十个朋友的赞扬。

　　　　　　　　　　　——［匈牙利］裴多菲

6. 遵守诺言就像保卫你的荣誉一样。

　　　　　　　　　　　——［法］巴尔扎克

7. 守信用胜过有名气。

　　　　　　　　　　　——［美］罗斯福

8. 如果要别人诚信，首先要自己诚信。

　　　　　　　　　　　——［英］莎士比亚

9. 走正直诚实的生活道路，必定会有一个问心无愧的归宿。

　　　　　　　　　　　——［苏联］高尔基

10. 坦白是诚实和勇敢的产物。

　　　　　　　　　　　——［美］马克·吐温

第六章

Edison

生活事业柳暗花明

> 荣誉感是一种优良的品质,因而只有那些禀性高尚、积极向上或受过良好教育的人才会具备。
>
> ——[美]爱迪生

▶ 无缘电子管

在致力于电灯事业的发展中，爱迪生像一位把十几个球不断地抛向空中的杂技演员一样忙得不可开交，深感分身乏术。他的事务中包括：改进白炽灯；完善爱迪生系统所需的各类辅助设置，特别是发电机的改造；探索海外电灯事业开发的可能；管理公司的财政事务；等等。就是在这种情况下，他忽视了后来被认为是19世纪末期的一项最重要的科学发现，即后来成为对现代无线电技术极其重要的电子管。电子管的出现在现代被称为"爱迪生效应"现象。

其实早在1875年爱迪生在实验室做电磁体实验时，他就看见过线圈通电的瞬间，电磁体的铁心发出了闪亮的电火花。这种新的现象激发了爱迪生的探索欲，他又进行了几次实验，得出一个结论：在一旦触及磁体的金属部分就会产生火花。这火花的产生与磁极位置、线圈绝缘无关，对电容瓶和电流计也丝毫起不了作用。爱迪生预见到，这里面一定大有文章可做。他在工作日志中把这种现象命名为"以太力"。但他尚未意识到，此时的他已经轻轻叩响了无线电领域的大门。

在爱迪生对白炽灯进行不断完善的过程中，他发现了在玻璃泡的内壁上有一层薄薄的积炭。在有白炽丝的灯泡内焊了一个与电流计相连的金属薄片，当把薄片与电池的正极接在一起时电流计的指针偏转，这说明灯丝与薄片之间有电流存在。若把薄片与电池的负极连接，则没有电流。这个称之为"爱迪生效应"的现象后来才得到了解释，即炽热的灯丝发射出电子流。电子的发射引起了学者们的注意，因为可以应用这个特性来制造一种只允许电流向一个方向流动的器件。

但爱迪生当时并不知道这些，为了能够重现这种奇怪的现象，他专门制作了一个叫"供演示直流电穿过过度真空空间的传导性能"的仪器，并把这一事实记在日记里，又在论文中进行了描述，他记叙道："供演示直流电穿过过度真空空间的传导性能仪器是我的新发现。仪器是由寻常的白炽灯组成，而这只灯在其真空空间有一根不与灯丝接触的铂丝穿过了灯泡玻璃，在这根铂丝的一端焊有一根铜线，而这根铜线正好是为了从外面与电源连接在一起而焊到灯丝的两个支路上的那一根。"

当灯泡灯丝的发光度没有达到相当于10支烛光的强度前电流计指针就不会偏转。当它达到13支烛光的光强度时，指针就会出现轻微的、缓慢的偏转。而如果热度持续提高，指针就会以十分快的速度偏转。在使用25支烛光的条件下就有很大的电流流经电流器，这种电流足以供给200英里长的电报线路的用电（在把灯泡里的空气抽到一个大气压的百分之一的条件下），在这种情况下，电流在真空中应当能通过至少有半英寸的断线处。

最后爱迪生于1883年写成专利申请书呈报上去。但并未作进一步研究，如果他当时抓住那奇特的火花所提示的线索追究下去，那就会带来电子学和无线电学的提前发展。

当时人们还没有发现电子，因此，未能意识到"爱迪生效应"的巨大用途的不仅仅是爱迪生本人。在提出电压调制装置专利后不久，他把样品灯送给普利斯，普利斯只是将这种现象公之于众，未曾做任何说明，也未提起这种效应的实际用途。

直到20年之后，这种现象才得到解释。1904年，在研制无线电时，人们在试图将一种弱电振荡转换为一股弱直流电流的研究过程中，第一次领略了20年前爱迪生所发现的"爱迪生效应"的巨大意义。当时，英国著名的电机工程师约翰·安布罗斯·弗莱明对于无线电的最大贡献，就在于他充分认识到了"爱迪生效应"

的无限魅力，对其进行了深入的研究。弗莱明说："那一年的十月，我在努力思考着无线电的相关问题时，忽然间想到了自己以前所做过的'爱迪生效应'，尤其是其中所主要论述的白炽灯碳丝和灯泡中的冷金属之间可以通过一瓦特电能。"

这一点使得弗莱明茅塞顿开，他立即展开了相关实验，取得了很大成功。弗莱明创制出了有史以来第一根电子管，这标志着人类从此迈入了电子时代。随后，科学家们又研制出了二极管、三极管。无线电技术取得了飞速发展。可以说，这些可喜成就的取得，都是以"爱迪生效应"为基础的。

许多年后，爱迪生还常常惋惜地说："当时我为推广使用我的电照明系统做了过多的工作，所以我也没有时间来继续进行我的实验。"

在1885年的时候，爱迪生还提出了列车感应电报的发明，这种电报并不是真的就"无线"了，实际上就是利用电感应来传输莫尔斯电码。这对于行驶中的列车和各个车站间的联系具有重大的进步意义。后来，爱迪生把这个专利让给了后来发明了无线电报的马可尼。很久以后，马可尼还是很感谢爱迪生的慷慨无私。

▶ 甜蜜再恋

在爱迪生37岁时也就是1884年这一年，是他最悲伤的一年。从1881年冬季开始，爱迪生在纽约居住的时间越来越长，但比他在门罗公园的时间还是要短得多。爱迪生的家小都住在纽约，门罗公园成了夏天的避暑胜地。爱迪生一家已在门罗公园度过了好几个快乐而凉爽的夏天。

可是，1884年夏天，玛丽·爱迪生却在这里患了伤寒，这在当时的医疗条件下算是一种危险的疾病。起初爱迪生以为她只不过是受了点凉，经过简单的治疗就会好的。因此，在纽约正全力奋战的爱迪生没有回去看她，玛丽的妹妹爱丽丝和医生们每天都守在她床边，为她治疗，照顾她的生活起居。

没多久，玛丽的健康每况愈下，随后爱迪生突然一连有好几天都没有去研究所了。爱迪生被人称作"工作虫"，不到研究所来是很少有的事情，所以同事们都很为爱迪生夫人担心。

果然，玛丽的病情进一步恶化了，最终在 1884 年 8 月 9 日凌晨去世。爱迪生在家中为夫人玛丽·爱迪生举行了葬礼，然后将棺柩运到一个小车站上，由火车送回到她儿时的家乡。

玛丽走了，她给爱迪生留下了三个年幼的孩子：11 岁的多特、8 岁的阿尔瓦和 6 岁的威廉·莱斯。

妻子的逝世，使爱迪生感到了从未有过的孤寂。然而他不得不继续工作，他是不能因此而把工作停顿下来的。他把他的住屋租给了别人，把孩子们送到纽约去，由孩子们的外祖母史蒂威尔照顾。

门罗公园带给发明家的只有悲伤，除此之外别无他物。于是他把那些机件、药品、仪器等统统搬离研究所，公园连同研究所一齐被他抛下了。

1884 年到 1885 年，爱迪生过的是一种寂寞而单调的生活，玛丽虽无出众的才华但却是一位典型的贤妻良母，她十几年如一日默默地支持着自己的丈夫。她在世时，对丈夫没有太多的要求。她爱他，理解事业对他的重要性。爱迪生没有那么多的时间过家庭生活，但玛丽总是等待着他。现在爱迪生非常寂寞孤独，他不断地在心中向她忏悔道歉，因为他没有花很多时间陪她，让她过了这么多年孤孤单单的生活。

为了排遣中年丧偶的痛苦与寂寞，爱迪生常带多特到戏院去，回家后总是要女儿把歌曲学唱给他听。那时她只 12 岁，她常替母亲为父亲买雪茄，小多特总是像对母亲一样敬爱她的父亲。

爱迪生为了排遣内心的伤痛，他全力投入研究。他除了发明"爱迪生作用灯泡"以外，1885年，他还利用"爱迪生作用灯泡"发明了利用电波通讯的"无线电"，可以和四千米以外的海上船只或行驶中的火车通讯。

玛丽去世后，爱迪生的朋友们急于为他续弦，最终做成红娘的是埃兹拉·吉利兰德的太太——吉利兰德是爱迪生从前在波士顿担任电讯技师时的好友，他们的友谊从青年时代一直保持到晚年。

玛丽去世后的两年间，爱迪生常去吉利兰德家。

1885年5月的一天，爱迪生应邀前往吉利兰德家。那天，在他家有位非常漂亮的年轻女士，名叫米娜·米勒，是俄州克朗的农机发明家路易斯·米勒的女儿。米娜·米勒初次见到爱迪生的时候，她只有18岁，而爱迪生已38岁。虽然这位发明家比她年长了20岁，但是由于他的稚气和单纯的性格，两人间的心理年龄差别并不十分明显。她是一位禀赋不凡而又文雅的女子，有人形容她是"一个有褐色皮肤、黑色秀发的美丽女子"。她熟悉家务、艺术，做派端庄，性情慈善，喜欢教育工作。所以爱迪生对她一见钟情。

在初次会面之后，爱迪生不断地打电话或发电报给米娜，说他爱她。

爱迪生与米娜·米勒于1886年2月24日结婚。他们的婚礼是在米娜家里举行的。

婚后，爱迪生买下新泽西州的西奥兰治郊区的格伦蒙特一座漂亮的房子，那里距纽约市60千米。举家迁居这里后，爱迪生又有了一个温馨的家。

安顿好家后，爱迪生又在附近建造了比门罗研究所更加完善的研究所，有人称爱迪生这个研究所是世界上规模最大、设备最全的私人实验室。

此时的爱迪生感到非常幸福，因为他们全家在一起，住一栋房子。爱迪生和米娜有着许多共同的兴趣，他们都喜欢读书，又都爱好音乐。爱迪生仍一如既往地专心工作，仍把工作放在第一位——工作第一是爱迪生一生的准则。几年后，米娜生下了两个儿子、一个女儿：马德林、查尔斯和西奥多。这时，爱迪生正有一个宏伟的计划：从小规模开始起步逐步扩大，直至在西奥兰治谷地建立起一系列工厂，由实验室提供定型的产品模型、样品，并为工厂安装必要的专用设备。工厂生产那些投资少、收益高的商品，还有那些只售给批发商和经销商的产品。工厂将同时生产30至40种不同性能、不同用途的产品。

　　爱迪生的宏伟计划都逐步地实现了。在其后的20年里，这一带建起了一系列公司，比如国民留声机厂、爱迪生制造公司，爱迪生"就像一个电气上帝一样改造着这个地区"。

名人名言·时间

1. 盛年不重来，一日难再晨。及时当勉励，岁月不待人。

   ——〔东晋〕陶渊明

2. 一个人越知道时间的价值，越倍觉失时的痛苦！

   ——［意大利］但丁

3. 抛弃时间的人，时间也抛弃他。

   ——［英］莎士比亚

4. 光景不待人，须臾发成丝。

   ——〔唐〕李白

5. 时间就像海绵里的水，只要愿挤，总还是有的。

   ——鲁迅

6. 敢于浪费哪怕一个钟头时间的人，说明他还不懂得珍惜生命的全部价值。

   ——［英］达尔文

7. 合理安排时间，就等于节约时间。

   ——［英］培根

8. 没有方法能使时钟为我敲已过去了的钟点。

   ——［英］拜伦

9. 人的全部本领无非是耐心和时间的混合物。

   ——［法］巴尔扎克

10. 任何节约归根到底是时间的节约。

    ——［德］马克思

第七章

Edison

视听的盛宴

> 失败者的一大弱点在于放弃,成功的必然之路就是不断地重来一次。
>
> ——[美]爱迪生

▶ 巴黎一游，激发灵感

1889年世界博览会在巴黎举办，法国政府向爱迪生发邀请函。但爱迪生借口不能长时间地离开研究所，起初拒绝了法国政府的邀请。后来夫人米娜劝说道："你天天待在实验室里面，都快发霉了，去国外走一走，也散散心嘛！没准还能找到更多的灵感呢！"爱迪生这才勉强答应前往博览会。

这次旅行让爱迪生首先感受到的，是自己的辛苦工作和各项成就所带给自己的巨大荣誉。在博览大厅里，树立着一个由两万只电灯组成的12米高的白炽灯模型，模型两边用彩色灯装点出了美国和法国国旗。下面的展台上展出的是一位作家所说的"摆脱了爱迪生思想的各类硕果"。这些硕果也包括八年前出现在巴黎的巨型"乔阳"发电机，以及摆放在它周围的各种爱迪生公司的产品。

博览会开幕当天，法国卡诺总统致开幕词。在他的面前放着两架留声机，留声机用来记录总统的演讲，一架保存在法国，另一架则交给爱迪生，由他转赠给当时的美国总统哈里逊。

爱迪生及他的家人受到了巴黎人民的尊敬和盛情款待。

巴黎市政府授予爱迪生一枚金质奖章，以表示对这位美国大发明家的敬意。法国总统也代表法国政府向爱迪生赠送勋章。

而意大利国王亨倍尔特特地派了专使到法国来，将意大利高级官员的勋章赠给爱迪生，封他为伯爵，爱迪生夫人则成为伯爵夫人。

爱迪生利用这次机会游历了欧洲。他从巴黎转到柏林、伦敦、

爱迪生传

罗马，到处都受到不亚于巴黎的欢迎。爱迪生在德国与西门子大科学家赫尔姆霍兹会晤。德国进步科学家协会在海德堡特地设宴欢迎他，到会宾客共有1200人。

爱迪生不论走到哪里都受到了人民的尊敬和爱戴，但他总是谦逊地说人们给他的荣誉应该属于他亲爱的祖国。

这次的旅行更是给爱迪生的电影设备的研究工作带来了很大的推动。

在返回美国的途中，爱迪生在船上画了一张摄影机草图。

从欧洲旅行回来后，爱迪生开始集中精力试验条形底片，这种底片他曾在马雷车间里见过，它可以重叠起来。这时，对于下一步的电影探索工作，迪克逊和爱迪生之间有不同的看法。迪克逊急于搞成大屏幕投影，而爱迪生则主张集中精力攻克即将成功的"活动电影放映机"。在爱迪生看来，目标稍低一些，可以完成得快一些，而急于求成和目标远大往往事与愿违。

第一台成功的活动电影视镜于1891年5月20日向公众展示，展示地点是新泽西州西奥兰治的爱迪生实验室。这种改装型的机器内装一台电动机，可使15米长的胶卷从供人们观看的放大镜下通过。同年，爱迪生在美国又申请了活动电影放映机专利，但由于他没有在其他国家提出这一专利申请，以后出现了一些意想不到的后果。虽然这台装置可容下15米长的胶片，可在当时所能生产的胶片没有这么长，因为第一台摄像机一次只能用几厘米长的胶片。

为了实现自己的目标，爱迪生需要寻找一个令他满意的长条胶片。他在柯达公司的创始人、被尊为"摄影王"的乔治·伊斯门那儿找到了他所需要的长条胶片。伊斯门开始出售赛璐珞做的底片，以代替感光板，命名为"伊斯门底片"。这正合爱迪生的口味。于是爱迪生立刻与伊斯门商谈，双方说好底片的构造与大小，努力制造出更方便使用的胶片。爱迪生亲自出马，伊斯门自然不负所望，他生产的胶片果然能满足爱迪生的要求，他们之间从此便建立起很好的合作关系。

一直困扰着爱迪生的长胶片问题终于在伊斯门的帮助下解决了。每幅影像起初只有半英寸大,后来觉得太小,改为一英寸半大小,中间画图占一英寸的地方,边上多条的地位留着穿打小孔,套在一种小轮的齿上,可以不致滑脱。放映时,快门迅速地打开,这时外边影像的光线便射在感光胶片上,接着胶片又被急速地向前拉过一段。这样连续地进行着,每秒钟可以拍摄出46个影像,每分钟便有2760个影像。

爱迪生的试验进展顺利,活动电影的出现已指日可待了。

1893年,爱迪生实验室里建起了世界上第一座电影"摄影棚"。第一架摄像机工作时,胶片只能水平移动,使拍摄受到了局限。迪克逊又制成了可使胶片垂直移动的第二架摄像机。经过改进,它被用来拍摄美国第一部商业片《处决苏格兰玛丽女王》。

爱迪生拒绝在银幕上公开放映他的影片,他认为这样做无异于"杀死一只会生金蛋的母鸡"。因为他认为,人们对无声片绝不会感兴趣的,由于他的有声电影没有成功,不能把和真人一样大小的人物放映出来,所以在1894年,他决定把他的"电影视镜"公之于世。1894年4月14日,阿尔弗雷德·塔特在纽约开辟了一家活动电影院,这家影院共有10台机器,影片装在一个硕大的、两端相连的圆环上,圆环在一套滚轴上转动,通过机器顶端的突出视孔里就可以看到一部五分钟长的影片。

爱迪生研制的电影视镜立刻获得了成功。从1894年到1900年,爱迪生公司一共生产了大约1000台这种视镜,供美国各大城

爱迪生所建造的世界上第一座电影摄影棚

市中的电影观众欣赏之用。

　　这时，以出租活动电影放映机为业的兄弟格雷·莱瑟姆和奥特韦·莱瑟姆，试图将影像投在银幕上，他们建起了自己的实验室，几个月后，莱瑟姆兄弟研制出了自己的机器，并于1895年4月21日在纽约为记者们演示了他们的研究成果"望远显微两用镜"。莱瑟姆兄弟的放映机是从爱迪生手里购下的。

　　莱瑟姆兄弟的出现，使爱迪生意识到了来自银幕电影的威胁，于是他立即投入到银幕电影机的研制。同年一位名叫弗郎西斯·詹金斯的美国发明家在托马斯·阿马特的资助下制造了一台放映机。这台机器的功能和展出效果都相当成功。同爱迪生合伙做生意的诺曼·拉弗和弗兰克·甘蒙看了阿马特的放映机后，确信电影的未来在于向更多的观众放映影片。显然，观众由一个人扩大为很多人看一场电影，那就会赚很多的钱。爱迪生决定同阿马特联合生产放映机。爱迪生买下了使胶片制动和启动更为灵活的阿马特的凸轮运动的专利，解决了投影中的一个重要问题。以他的个性他不想在自己的电影机中应用别人的创造，但是，为了在这场竞争中尽快获胜，他也就不得不使用阿马特的发明。

　　爱迪生很快推出了名为"维太放映机"的新机型，1896年4月23日，第一次用这种机器在纽约的科斯特一拜厄尔的音乐堂放映影片，受到观众热烈的欢迎。从此，电影制造业就出现了各家公司你追我赶，不断推陈出新的局面。其中的原因之一，就是1891年爱迪生没在除美国以外的国家申请放映机专利。

　　电影的出现，丰富了人民的文化生活，也促进了各个艺术门类的发展，并独立发展成为一门电影表演艺术及以好莱坞为代表的电影产业。爱迪生的电影无论在技术史上还是文艺史上都是一件大事。

▶ 强大的电影公司

电影的出现是故事片在美国问世的一个重要标志。在美国电影发展的初期，爱迪生在这一领域占有相当重要的位置，并不完全是因为他早期的发明或他的机器质量。而是因为他通过一系列法律活动，使他的摄影机和放映机在美国取得了专利保护。为了维护电影的发明权，爱迪生在1897年宣布了一个"专利权的战争"，他聘请了许多律师为他工作，那些竞争者一个接一个消失了。由于只有爱迪生公司摄制的一些故事片和"比沃格拉夫"公司摄制的色情短片，电影市场近乎垄断，所以这些影片的质量非常糟糕。

随时窥伺商机的商人们发现，经营电影能够很快发财致富，不少人就想努力成为电影制造商，但是能够垄断这个行业的只有三家美国公司。其中爱迪生影片公司和比沃格拉夫影片公司，从电影镜箱时期就已从事这个行业；维太格拉夫影片公司则是在1889年才踏进这个圈子的，而它的两个创办人——布莱克顿和史密斯早在1896年就合作经营影戏业。那时爱迪生还未认识到制作电影会有那么大的利润，他把一架放映机卖给在报馆里工作的美术家布莱克顿。布莱克顿很快就同职业魔术家史密斯把放映机改造成了一架摄影机。

到了20世纪初，投影电影受到公众的热烈欢迎，在美国大多数城市都建起了小型电影院。在一些大剧院，歌舞杂耍表演结束后也要放映电影。观众总希望能看到新的影片，市场需要不断增加影片数量，需要不断地拍摄新影片。

爱迪生公司曾大量复制欧洲竞争者的一些作品，但是版权法开始禁止这种行为，这使爱迪生不得不对影片制作的数量和质量下工夫。新闻片摄影师埃德温·波特被爱迪生聘为他的摄影场的导演。如果欧洲和美国的革新者们没有发现电影在叙事方面具有巨大潜力的话，电影可能只会流行一时，作为闲人的消遣品而已。好在爱迪生手下的制片人埃德温·波特，下决心要使爱迪生公司为电影艺术的发展做出重大贡献。

这时，"专利权的战争"仍未停止，爱迪生的律师仍在继续提起诉讼，直到1907年10月，爱迪生使一些竞争者与其联合组成一家垄断性的新公司，想以此来主导电影在美国的生产和发行。这个托拉斯新公司取名为"电影专利公司"。其中一个实力较强的合作人叫伊斯门·柯达，他曾一度参与了这项计划，拒绝向那些没有交纳执照费的制片人提供胶片。

爱迪生集团占据了美国大部分的电影市场，加入托拉斯的制片商每洗印一英尺的拷贝需缴付半分钱给托拉斯；发行商每年须交纳500美元的执照费；一个放映商每星期要交付5美元。这些收入给托拉斯每年带来了将近100万美元的利益，而这种贡金的根据不过是因为爱迪生的实验室在1889年至1894年这期间发明了一些拍摄电影所需的设备，而为这些发明投入的经费其实不足2万美元。

爱迪生在纽约投资兴建了一座规模很大的摄影棚。人们幽默地将之称作"黑色玛利亚"，为什么叫这个奇怪的名字呢？因为这是一个长方形的大房子，里里外外都刷满了黑色的焦油。而美国人一般是把罪犯坐的囚车叫作这个名字。

1907年，格里菲斯受雇在这里工作，而他的身份是双重的，既是演员又是作家。在这间大房子里，拍摄过很多名人的作品，比如著名的舞蹈家卡门斯塔在这里尽情演绎着自己优美的舞姿，肌肉男尤金桑多在这里将自己发达的肌肉进行了充分的展示……这里生产出了很多优秀的电影，让人耳目一新。

其中有一部电影叫作《火车大劫案》，拍摄于 1903 年，故事讲述的是一伙无恶不作的坏蛋的一系列破坏性行动。整部片子都充满了激烈恐慌的气氛，值得一提的是，其中一个镜头是一个歹徒对着摄影机肆无忌惮地开枪，在观众看到歹徒举起了枪同时听到子弹的呼啸声时，很多观众都失声尖叫起来，仿佛自己性命不保了，这让人很有一种身临其境的切身感受。

这时期是美国电影的起步阶段。在 1905 年初，美国只有 10 家电影院，但到 1909 年底，电影院已增加到 1 万家。当时，法国的电影院数量只有二三百家，在世界其他国家总共也不会超过两三千家。一个制片人，如果在法国只能够销出 10 部拷贝，而在美国却可以销掉 200 部，美国电影市场的兴旺由此可见一斑。

美国电影专利公司爱迪生托拉斯的成立使欧洲大为震动。英国制片商联合会首先发出呼吁，当时作为电影工业中心的巴黎，在一年中召开了几次筹备会议研究对策。之后，美国电影托拉斯的控制逐渐松弛了。由此也可以窥见爱迪生电影事业取得的巨大成就，这让爱迪生获得了巨大的经济收益。

▶ 会说话的电影

爱迪生虽然因为他的电影事业获利不少，但他并没有因此而满足，止步不前。随后，爱迪生又马不停蹄地开始致力于调和声音和影像的关系。

只要能达到声画同步的目的，"会说话的电影"就产生了。爱迪生一直研究着调和声与影的问题并取得了成功。爱迪生制造有声电影的梦就要实现了。

为了解决留声机的音量问题，爱迪生不断地做着试验。他想到了一个解决办法，那就是使用字幕。爱迪生说："我们常常使用跑表在不同类型的观众中测验字幕效果，以便确定出一种合适的字幕延续时间，使人们能够完全看清楚字幕的内容。我们选取的对象包括孩子、老人、职员、技工、商人、个人劳动者、家庭妇女等等各个年龄段和不同职业的人，我们对他们使用不同数字的字幕进行测验。"后来的测验结果表明，虽然字幕能够帮助人们更加准确无误地明白电影内容，但，这并不能代替声音。

同时，爱迪生还探索了电影在教育方面的作用，认为电影具有得天独厚的条件为学生传授各种知识和技术，因为电影不仅具有形象的画面，还附有生动的声音，小孩子喜闻乐见，从而很好地将知识吸收。并且，爱迪生为了证明自己的发明价值，专门招收了两个班的中小学生，一班为男生，一班为女生，他让这些孩子在相当长的一段时间内只接受与电影有关的方式的教学。实践证明，爱迪生的见解在一定程度上应该是比较正确的。

在一次记者采访中，爱迪生谈到了到底是视觉重要还是听觉重要的问题，他说："眼睛最重要，因为光速胜过声速。眼睛可以在瞬间捕捉信息，我相信，后代人的大部分知识不是从书本上获得，而是从电影中获得。当演示完一件事是怎样发生，怎样进行的时候，你不必煞费苦心地制作各种教具模型，也不必大费口舌地不断讲解，你只需要播放相关知识的电影，孩子们就能马上明白，并深刻地记住。孩子们在电影里用5分钟轻松学到的知识，靠书本的话就得花掉5个小时。"

他的这些话不完全正确，但是他最先知道，活动电影在将来的社会生活中大有作为。

为了主宰电影的发行市场，爱迪生的专利公司雇用侦探去抓那些侵权的制片人并把他们送上法庭。而那些影片发行商也对爱迪生很不满，他们不愿付专利公司索取的租金，其中一些人决定自己生产影片。他们中的一些人后来成了早期好莱坞制片厂的老板。最后，伊斯门·柯达公司也改变初衷，决定向不属于专利公司的制片人出售胶片。

当垄断达到一定程度时，这种垄断也会出现危机，爱迪生专利公司想维护其垄断地位的企图间接地促进了电影艺术的发展。沃格拉夫影片公司为自己的利益打算，并不理睬爱迪生。该公司绕过爱迪生的专利，生产了一种摄影机。并且沃格拉夫公司的影片拍得非常好，因而引起了观众的关注。

令人难以置信的是，一场竞选运动竟推动了美国电影事业的发展。参加纽约竞选的理查德·克罗克要爱迪生制造80台放映机，来放映他认为对其竞选有帮助的影片。结果克罗克竞选失败，他手上有一大批放映机，他把这些放映机卖到美国各城市，这些机器很快就在不同程度上发挥了作用。

那时，美国有相当一部分人又闲又有钱，他们希望能在家里看电影，爱迪生适时地生产了一些小型放映机。为了降低影片的价格，拷贝是用小画面做的。爱迪生在1912年生产的一些影片，是标准的35毫米宽，但却有了排画面。

在无声电影发展、完善的同时，人们从没忘记爱迪生设想的"会说话的电影"。1912年，爱迪生成功地创造出有声活动电影，把留声机和活动电影完美地合二为一。他说："我早就想把声和像合在一起，已经想了30多年，现在终于成功了。"

1927年10月23日，华纳兄弟电影公司第一次成功拍摄了有背景声音、对白、音乐和歌唱的有声电影《爵士歌手》。这是电影第一次开口向观众讲话，它宣布了无声片时代的结束，为电影有声时代拉开了序幕。

在研究过程中爱迪生感到最困难的是，收取远处的细微声音。那收音器需要特别灵敏，结果他又发明了采音器，凡距离40尺以内的大小音波，都能采取。这灵敏的采音器，连在高速照相器外面，就成为一架有声活动电影制片机。在制片时，演员一开始表演，摄制人即摇动器柄，这样影像和声音，就同时制作完成。电影放映时，电影机和幕前的留声机通过电线相连，放映人员就可

名人传记　　爱迪生传

以操纵那幕前的留声机。同时打开声音和动作，配合得天衣无缝，没有两者不同步的弊病。

爱迪生为了第一时间向大家展示自己的最新成果，他举行了一次别具特色的表演，他将地点选定在西奥兰治的乡村俱乐部。受邀前来观看的也都是爱迪生的邻居们，他们得知爱迪生即将在今晚上演一部别开生面的新型电影。当电影刚刚开始时，大家并未觉得这与以往的电影有什么不同。但是，电影里面的人物一开始说话，大家就惊呆了，这当然不是因为大家听见了声音，而是声音和人物的动作如此协调，这种高度和谐是以往任何一部优质电影都望尘莫及的。

爱迪生在使用他发明的摄影机

第七章　视听的盛宴

88　给人类带来光明的伟大发明家

名人名言·理想

1. 三军可夺帅也，匹夫不可夺志也。
   ——〔春秋〕孔子
2. 封侯非我愿，但愿海波平。
   ——〔明〕戚继光
3. 理想是事业之母。
   ——叶圣陶
4. 理想是一种责任，一种事业，一种用献身精神为动力的人类的共同追求。
   ——冯骥才
5. 人类的心灵需要理想甚于需要物质。
   ——［法］雨果
6. 世界上最快乐的事，莫过于为理想而奋斗。
   ——［古希腊］苏格拉底
7. 有理想的人，生活总是火热的。
   ——［苏联］斯大林
8. 你的理想高于你的才干，你的今天才有可能超过昨天，你的明天才有可能超过今天。
   ——［黎巴嫩］纪伯伦
9. 理想是指路明灯。
   ——［俄］列夫·托尔斯泰
10. 一个人的理想越崇高，生活就越纯洁。
    ——［英］伏尼契

第八章

Edison

创新型企业家

> 世间没有一种具有真正价值的东西，可以不经过艰苦辛勤劳动而能够得到。
>
> ——［美］爱迪生

▶ 科学家还是企业家

　　水泥最早是由英国石匠亚斯普丁发明的，那是在 1824 年。水泥的颜色极像波特兰的石灰石，所以人们便将水泥称作"波特兰水泥"。波特兰水泥是先将石灰石与黏土混合，经过烧制，然后碾制成粉末状的自然水泥，其中含沙较多，凝固较慢，凝后较坚。亚斯普丁制造的水泥十分粗糙，水泥的用途也受到局限。

　　美国宾夕法尼亚科普雷的舍勒等人于 1827 年开始仿制水泥。在工程师怀特用自然水泥修筑伊利运河后，开始仿制水泥的人日渐增加。法国在 1840 年，德国在 1898 年先后建起了水泥厂，到 20 世纪初，人造水泥大为盛行。

　　爱迪生看到了水泥业的发展前途，决定也发展这一项目。尤其是他在采矿业中获得许多关于碾石的经验，这为他提供了跻身于水泥业的条件。

　　1898 年，爱迪生在西奥兰治以西 45 英里外的森林里发现了水泥石，他立即购下了 800 英亩蕴藏着水泥石的土地。爱迪生广泛阅读水泥制造方面的书籍，多方收集有关材料。当他对水泥制造有了较为深入的了解后，便开始设计工厂。经过 24 小时的紧张工作，工厂的设计图完成了。爱迪生设计建造的这所工厂，直到今天还保留着。他从附近的矿场运来石灰石，那些用于开采铁矿、碾碎矿石的机器，马上就派上了用场。

　　爱迪生的工厂于 1902 年便开始生产水泥。与其他水泥厂相比，他的水泥厂最大特点莫过于全面采用机械动力装置，使工人们从繁重的体力劳动中解放出来。到 1905 年，它已成为美国第五大水泥厂，日产水泥3000桶。1924年，日产水泥达7500桶。爱迪生认定水泥制造业大有希望，便成立了"爱迪生—波特兰水泥公司"。

在自己的加工场内，爱迪生打破常规，设计了一个大型长窑。起初他用了一个木制的模型，进行反复的试验，最后得出了满意的结果，依据新的理论建造出了一个长150英尺、直径9英尺的石灰窑。

新石灰窑完工后，试验结果表明比普通的窑多了一倍产量。然而，爱迪生还嫌不够。

在当时，有很多人对长窑的产量表示怀疑，也有人嘲笑这种制造方法。他们预言这方法是很快就会失败的，他们认为这长窑一定会出现弯曲现象。可是事实证明，他们是错误的。不到几年，美国全国出产的波特兰水泥一半以上是用爱迪生式的长窑生产的，而且烧制水泥所需的煤也减少了一半。爱迪生还利用铁矿厂设计过程中获得的技术大大改革了水泥石烧制前的碾磨工序，另外他用5吨大型气铲取代了小车推运水泥石。

水泥公司的利润很大，当年开铁矿所负的债务，不到三年就全部还清了。爱迪生经营水泥业，最令人注目的地方，不在于传统工艺上的突破，而在于其所表现出的伟大的人格、坚强的毅力和创造的精神。

有人对爱迪生投资兴建这样大规模的水泥厂有点不理解。爱迪生的回答颇有道理："马车终将被未来的电车或汽车所代替，土路已经完全不适应新美国的建筑发展。水泥正是建造马路的不可缺少之物。"爱迪生的回答的确表明他不仅是一位发明家，还是一位优秀的企业家。

工厂建好了，生产也正一步一步地走向正轨，接下来的工作重点，是铺路和为工人建造廉价而耐用的房子。但是两种设想没有一种是特别成功的。在新村附近铺设的第一条1英里长的水泥路仅仅使用了一年，其后铺设的第二条公路的质量也不理想。后来，经过实地调查研究，爱迪生发现问题出在路基的黏土硬度上。解决了这个问题后，再铺设新路就很坚固了，其中有一段路竟使用了50多年。

在建造水泥房子时，爱迪生采用先造好房屋架构，安装钢筋，然后灌注水泥的方法。按照他的设想，灌注水泥法只要六个小时就可以造好一幢漂亮的房子。他曾估计：浇铸一幢六个房间的房子只需300美元左右的代价。塑造的模型可以在全国各地重复使用，这样就可以节省许多费用。

"爱迪生式建筑法"掀起了一次建筑业的革命，此后各处的大楼、工厂等大建筑，纷纷采用这种省时省力的"爱迪生式建筑法"。爱迪生于1908年8月提出申请这种建筑方法的专利。

然而，"爱迪生式建筑法"没能大范围地推广，因为这种建筑法虽然方便，但式样却大同小异，千篇一律；而人们对自己的住房，各有各的习惯和爱好。因此，相同式样的房子就不太受人欢迎，这就是"爱迪生式建筑法"的局限性。

用爱迪生发明的水泥灌注机建筑的工人住宅

很快，爱迪生参与了新泽西州第一座水泥房屋的建造。巨型搅拌机被固定在现场，一条传送带将水泥送上屋顶的储泥池，6个小时便可将模具灌满。6天以后，模板去除，剩下的工作只是安装门窗、管道、照明及其他辅助设备。

在一些基础工作完成之后，爱迪生做出了一份更为细致的计划——建造一种费兰西斯一世风格的建筑。这种建筑雕花绮丽豪华，如用石材制造，其造价高得难以偿付。如果用水泥建造，内部的装饰可以用彩绘解决，屋顶制成瓦状，也易于漆成主人喜欢的颜色。这种房屋据说能够绝缘，又可以减少 3/4 的建筑费用。但是，这种房屋仍没能普遍推广使用。

在 19 世纪的最后 10 年间，爱迪生闯进了被人们认为是俗气的工业之中，科学界对他的看法也有所改变。原因在于他对科学与技术的关系所持的观点，以及对书本和手工劳动者所作出的评价存在争议。首先，他认为建筑是以实用为主，这样就难免让一些不理解他的人认为爱迪生带有庸俗的世俗气味。其次，有人也片面地认为他不纯洁，认为他虽然瞧不起那些"橡胶大王"，却愿意将自己的技术出让给他们。最后，让一些科学家们不能接受的是，在某些问题上，尤其是在分割电流方面，他永远不正确，而别人的话他却听不进去。

科学界的一些精英人物同样存在着这样或那样的性格缺陷，比如心胸狭窄，不能接受别人的成功，最担心自己被别人的光芒掩盖而失去光彩，等等。如此这般，爱迪生在与他们交往时不可能不遭到各种各样的指责和妒忌。

▶ 新型蓄电池的研发

19 世纪末，工业已普遍使用电力，许多大城市建筑了大型发电厂，供给工业、电信事业、电车和电灯照明所需的电力。

发电机可以提供充足的电能，可是发电机不便于携带，这成了它的美中不足之处。而蓄电池比起发电机来，小巧玲珑，甚至更轻便，但是只能供短时间使用。因此，爱迪生决心试制一种新型蓄电池：他希望这种蓄电池体积小，便于装在旅行袋里携带；重量轻，一只手便可举起；成本低，每个人都买得起；电力强，能长时间持续供电。

早在爱迪生开始研制新型蓄电池之前,法国著名科学家福勒就已经研究出了铅电池,但是这种电池仍然问题多多,不仅重量超标而且续电时间仍然不能满足使用需求。

1900年年初,爱迪生开始着手蓄电池的研究。

那时候爱迪生的敬业精神,同事中没有谁比得上他。爱迪生累了,不管什么地方躺下就睡;醒了,不管是白天或黑夜,立即开始工作。已经工作了五个月,试验了9000多次,却毫无进展。如果要统计在爱迪生一生众多的发明中,哪一项发明耗费的时间最长、实验的次数最多,那就一定非蓄电池莫属了。

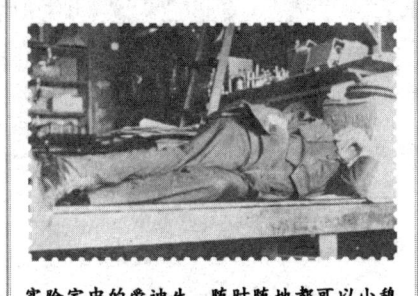

实验室中的爱迪生,随时随地都可以小憩

爱迪生不断地在失败中积累着知识,总结着经验。最后,他终于获得了成功。1902年夏,他用试验成功的电池做车辆动力的试验,行程为5000英里,每充一次电,可走100英里。爱迪生高兴地说:"在一般平坦的公路上,我们的电动车的车速远远高于普通车,这点还不能够很好地体现电动车的优越性,尤其是到了沙地,我将车子调到4挡,这就有120马力的驱动力了,车子呼啸奔腾,将普通车远远地抛在了后面。"

1903年,爱迪生对蓄电池进行抗振试验:他把蓄电池放在振动台上反复试验;他又把蓄电池放在屋顶上,然后通过窗户把它扔在地下,看它是否破裂;他还把蓄电池装在汽车上,让汽车在新泽西崎岖不平的小路上行驶。这样的试验持续了几个月,试验结果令人满意。

很快电池便投产了,而且销路不错,人们争相地购买装有真正的蓄电池的电车。但不久,人们发现了这种蓄电池存在严重的问题:有时在车辆行驶中,电池中的化学液体会流出来;许多电池还出现了电力衰减状况，以至于一些司机竟担心他们的车使用这种电池是否还能开动。这时爱迪生得知工作还没完成，于是立刻下令把工厂关闭，停止制造电池，把钱还给所有购买他们电池的人，而他自己重新开始了一个新的长期的实验。有的用户觉得这种电池虽然不是很完美倒也方便，就准备继续使用，可是他们找遍了大街小巷也买不到货，问商店，商店也莫名其妙。有些人便直接写信问爱迪生，爱迪生则认真地回信，向他们说明情况并道歉。

爱迪生再次投入紧张的工作，寻找电池漏电的根源。到1905年夏天，试验记录簿上的新数字已经是10296次。这年冬天，他患了一种叫乳突炎的病症，在生病之后，他才暂时搁置了电池的研究。

自信支撑着爱迪生，他仍在艰难中跋涉，这时他所要搜寻的材料之一是铅。当听说有位地质学家在北卡罗纳的夏洛特发现了铅以后，爱迪生决定亲自去看一看，于是他带着儿子查尔斯和另外3个助手，分乘两辆蒸汽车从西奥兰治出发直奔夏洛特。夏洛特没有旅店，他们自己搭起了帐篷，这情景与30年前爱迪生观看日食的旅行很相似。

在电池推向市场之前，爱迪生解决了许多极其复杂的问题，其中最困难的是镍片的制作，这种镍片只有两万五千分之一英寸厚。在爱迪生看来，薄度是电池成功的关键。制造出适用的薄片是一种技术上的成功。每当助手们因为一次次的失败感到灰心丧气时，爱迪生就坚定地告诫他们："这些失败算得了什么？任何困难都能找到解决的途径。没有什么事情是不可以解决的，如果我们真的是走到了山穷水尽无法可施的地步，那也只能反省自己为什么这么笨、这么懒惰。"

在艰苦的研制过程中，也常常发生一些让爱迪生的助手们忍俊不禁的事情。有一次，爱迪生的实验室需要大家集体加班，大家匆匆吃过晚饭后就一直马不停蹄地进行着各自的工作。爱迪生的儿子查尔斯也参加了这次加班，可是，这个年轻人到半夜就再也坚持不下去了，他央求父亲让大家休息一会儿。爱迪生无奈地摇摇头，指了指墙角的桌子——爱迪生要让儿子睡到桌子下面去，这样既不打扰大家加班加点地工作又可以防止儿子被忙碌的职员们踩到。查尔斯也很无奈地蜷缩在桌子下面，不过一会儿就呼呼地打起鼾来了。爱迪生的夫人担心儿子，亲自赶到实验室看望儿子，结果却是在桌子下面找到的查尔斯，她心疼地将儿子带回了家。

在爱迪生投入研究电池的第 10 年，爱迪生终于制成一种相当理想的镍铁碱电池。到 1910 年，就投入大规模生产。这种蓄电池的优异质量出乎他和助手们的意料。这种新型电池用途非常广。用薄镍片制成的蓄电池充一次电可使汽车走 100 英里，而一般铅蓄电池只能供汽车走 50 英里。而且，这种电池也不会因过量充电或久置不用而损坏，寿命相当于铅电池的好几倍。因此，在一段时间里，电车险些给汽车造成了危机。镍铁电池其实最适合于潜艇使用，这是爱迪生在试验之前未曾预料到的。

爱迪生式蓄电池也适合于无线电广播收音之用。蓄电池还可用于火车、轮船，作为远离发电厂的电力来源，例如远离城镇的农场。蓄电池的用途的确很大，直到今天，人们还在使用这种蓄电池。

▶ 走在时代的最前沿

爱迪生虽然已经人过中年，且常年埋头于实验室，但并非两耳不闻窗外事。他不仅头脑聪慧，而且具有敏锐的洞察力。他不仅喜欢欣赏身边的现实美景，也能够深刻地分析当今的社会发展需求甚至准确预见未来的发展趋势。

在1880年的一天，《纽约先驱报》社长戈登·贝内特访问爱迪生，谈话中贝内特社长问道："爱迪生先生，人们说你是魔术师，那么，你能想办法使人飞上天吗？"

"我想我能做到，只是我太忙，抽不出时间研究而已。意大利的达·芬奇早在400年前就想到让人在天空飞行，甚至连设计图也画好了，我记得我少年时代曾在图书馆看到，就像鸟的翅膀，当然很简陋。"

"此后，就没有人研究吗？"

"俄国人罗摩洛索夫研究过了，英国也有学者发表过飞行理论的论文。"

"真的吗？这些我一点儿都不知道。"

"我想在不久的将来，人就可以像鸟一样地在天空中自由飞翔。"

当贝内特离开后，爱迪生便画出了一份设计图，样子很像今天的直升机。采用两片螺旋桨，借助引爆纤维火药发生的反动力，使之快速运动，然后腾空飞起。

飞机设计图交由机械工厂，飞机很快就做好了，并且在研究所广场进行实验。当内装带状纤维火药的金属喷出管被引爆时，突然间发生强烈的爆炸，破坏了整个机体，残片经爱迪生身边飞过，幸好未伤到他。

研究所的同事们力劝爱迪生中止这项研究，但爱迪生没有听从他们的劝告，继续研究，爱迪生成功地研制了火药推进装置。而今天我们使用的喷射机，采用的就是爱迪生的这项发明原理。

美国莱特兄弟的第一架飞机试飞成功是在1903年，那是爱迪生失败后的第23年。

爱迪生很快认识到飞机试飞成功的重要意义，并预见了未来的飞行器行业发展。他在1908年写道："不超过5年，飞机将载着乘客飞越大洋。从时间上来说，这样的距离只需18个小时就够了，这样快的速度会使飞机商业化。到达北极，也只用40个小时。"

不到一年，他对《纽约时报》记者说："在10年之内，人们就会利用飞行器运送邮件，当然也可以载人，我相信它的飞行速度每小时可以达到100英里。"

当时爱迪生的这些细致入微的描绘，只是一种猜测、一种设想，他还对《纽约时报》记者说："假如我造飞行器，我将利用几个倾斜平面的迅速转动来起飞，因为旋转平面压缩飞机与地面间的空气，使之形成推力。然后，可用一只螺旋桨推动它向前飞行。"今天看来，爱迪生当时的想象与现代直升机的飞行原理很相似。

在1895年，科学家伦琴发现了X光，学术界和整个社会都为之轰动。爱迪生也积极关注X光的各项性能和广泛用途。他带领助手们将从化合物中提取的好几千种结晶体进行细致的测试，看看其中有多少能在X光的照射下发出荧光。过了没多久，一个叫迈克尔·普平的物理学家就找上门来了，他希望爱迪生帮助一位手部中弹的人利用X光找到子弹的具体部位。

爱迪生让那个受伤的人将手置于用钾钨盐酸制成的屏幕前，然后用X光照射，立即发现了子弹的所在位置，轻松解决了这个让大物理学家为难的大难题。这个检查装置叫作荧光检查器。

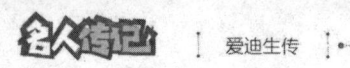

利用这个仪器可以让人们的骨骼清晰地呈现于眼前。在1896年，爱迪生将这个仪器拿到了纽约设备展览会上，参展期间，有上千人聚集在这个奇怪的仪器前面。他们第一次通过荧光屏看见自己的骨架的时候都吓得哇哇大叫，有的则惊讶得说不出话来。

然而，有的媒体却认为这个仪器违反了社会道德，认为应该禁止这种仪器的使用和生产。一家大型媒体曾经公开发表文章指责爱迪生这个"新鲜玩意儿"，他们尖酸刻薄地写道："也许，在文明国家，最好的办法就是一举销毁有关X光的所有装置，尤其是爱迪生的荧光检查器。不仅如此，我们还要处置那些发明这些玩意儿的人，把世界上所有的钾钨酸盐通通扔进大海里，让海里的鱼虾互相欣赏彼此的皑皑白骨吧！"

爱迪生对于这类浅薄无知的愚论视而不见，因为他清楚地认识到这种荧光检查器在人们未来生活中将起到的巨大作用，他相信未来对这种仪器的使用情况和使用效果会让所有的流言蜚语不攻自破，毕竟，现实就是最大的说服力。

以上两起事件都如当初爱迪生对以太力和电子的初步探测一样，进一步表现了爱迪生的观察力和预见性，虽然他因为事务缠身，没有将这些发现和发明的研究运用进行到底，但具有功不可没的奠基性作用。爱迪生永远都是社会发展的先驱，是时代的弄潮儿。

名人名言·独立

1. 能者非他，能自树立，不因循者是也。
　　　　　　　　　　　　　——〔唐〕韩愈
2. 人不自立，则惟有无耻而已。
　　　　　　　　　　　　　——〔清〕康有为
3. 把自己的命运交给别人，甚至交给一两个人，自己一点也不动脑筋，只是相信别人，那太危险了。
　　　　　　　　　　　　　——巴金
4. 我宁愿靠自己的力量，打开我的前途，而不愿求有力者垂青。
　　　　　　　　　　　　　——〔法〕雨果
5. 我就是我自身的主宰。
　　　　　　　　　　　　　——〔古罗马〕普劳图斯
6. 宁可靠自己的力气吃饭，别白白拿别人什么。
　　　　　　　　　　　　　——〔俄〕卡拉姆辛
7. 没有单独魄力的人，将依仗别人做坏事。
　　　　　　　　　　　　　——〔日本〕福泽谕吉
8. 最本质的人生价值就是人的独立性。
　　　　　　　　　　　　　——〔美〕布迪曼
9. 独立性是天才的基本特征。
　　　　　　　　　　　　　——〔德〕歌德
10. 自己走自己的路。
　　　　　　　　　　　　　——〔德〕海泽

第九章

Edison

动荡的战争年月

> 任何问题都有解决的办法，无法可想的事是没有的。
>
> ——［美］爱迪生

▶ 终生至交——亨利·福特

亨利·福特是美国的工业巨头，福特汽车公司的建立者。爱迪生与福特是一生的好友。他们是怎么认识的呢？

福特第一次遇见爱迪生是1896年的事。当时，爱迪生在底特律设有发电所。福特抵达底特律后，第一个找到的工作，就是"火力发电所"的技术职务。那一天，他拜访了火力发电所，求见经理先生，希望能让他找到一份工作。他先递上一份履历表，然后接着说："我对蒸汽引擎稍具一些经验，我想请你让我在发电所里工作。"

负责人看过福特的履历表，就一边听福特说话，一边点头，接着说："你有蒸汽引擎的知识，那正好。现在有一台机器发生故障，你就先修理看看，录用的事以后再谈吧！"

严格说来，这就是一项求职考试。福特立刻动手修理机器，到下午6点，他就把蒸气引擎修理好了。对此，发电所的人都十分惊讶，因为那台出故障的机器虽已被修过好几次了，但始终没有人修好它。于是他立刻被任命为技师，待遇是每个月40美元。

在他来到发电所的10个月后，他便被提升为发电所的所长，月薪高达100美元。

福特不为薪水高低所左右，一心工作。下班后，他往往回家去研究汽油引擎的试作，他把辛苦研究出来的汽油引擎不厌其烦地加以试作，以求造出最优良品质的成品。福特对发电所的工作也做了各种改良，特别是在提高工作效率方面，有了突破性的贡献。例如，他采用三班制工作制度使工作效率大大地提高。

福特的敬业精神，得到了爱迪生的信任。最后，福特担任了爱迪生公司的总工程师。福特也十分尊敬爱迪生的发明和努力不懈的精神,当他完成汽油引擎的试作后,便带着这件作品请爱迪生过目。

爱迪生说:"福特先生,你真伟大,真是辛苦你了!对研究的艰辛,我是相当了解的,但是为了造福社会,希望能忍耐,并请继续研究。引擎是动力的来源,除了电力外,将来一定会使用汽油,你要好好地研究。"

当爱迪生如此恳切地肯定福特,福特感动得几乎掉下眼泪来。他心想:我一定要让汽油引擎成为伟大的发明。

从此以后,爱迪生就和福特成了好朋友,两人来往得很密切。虽然爱迪生比福特大16岁,但是他们有共同的研究兴趣,因此年龄的差异并不影响他们的友谊。

只要一有机会,爱迪生就会勉励福特。后来,福特独立开设工厂的路程虽然相当艰巨,但由于有爱迪生的鼓励,他终于勇敢地接受命运的挑战,向成功的旅程迈进。

有一次,亨利·福特和爱迪生等人一起到附近路德·伯班克的圣罗莎苗圃做了一次访问。路德·伯班克是著名的果树栽培学家。爱迪生一向仰慕这位和善的加利福尼亚植物学的魔术家。他们两个人的研究方法是有许多共同点的,只不过一个在发明世界,另一个在植物世界而已。

爱迪生和亨利·福特

爱迪生曾说:"伯班克想研究一种植物时,先种一亩地的那种植物,等它们抽芽长成后,他便仔细地从中捡出一枝来,再从这一枝上研究它的种子。这也就是我的研究方法。"

福特想调查一下伯班克新培育出的家桃是否能长成形状大小都相似,以便于机器采摘。他们来到伯班克的植物园。伯班克拿出一本签名册来，请两位显赫一时的贵宾签字。册中第一项是"姓名"，第二项是"住址"，第三项是"职业"，第四项是"嗜好"。爱迪生用他那清秀的笔法在第四项上写道："一切事物。"而后他把册子递给福特，说道："照样写吧。"

后来，爱迪生参加了一次旅游，这是一次未经计划的休假。他最喜欢这种玩耍，因为它含有顽皮孩子逃学的味道。爱迪生接受轮胎制造商哈维·费厄斯通的建议，放弃专列，同乘汽车。这样3个人就可以同路去圣迭戈，参加那里即将举行的另一次"爱迪生日"。

这是一次愉快的旅行。在分手之前，爱迪生提议来年再抽空出来野营一次。大家对这一建议似乎兴趣不大。但爱迪生终于说服了他们二人，尤其是福特。但最终福特还是因为生意事务而没有践约。费厄斯通最守信用，第二年，他带着夫人、小儿子、几名仆人和一位上等厨师同乘一辆载着冰箱、食品的卡车，开始了行程1000英里的旅行。

爱迪生的另一个朋友约翰·布鲁斯也参加进来。旅行设备由爱迪生提供，最使爱迪生自豪的是，他的一只蓄电池不仅可供照亮露营地，还为4个帐篷的照明准备了充足的电力。

约翰·布鲁斯曾写道："能够看见爱迪生这样的闲雅游荡真是极有趣的事。他中午时在树下铺了一条毛毯，曲着身，和衣睡了。他睡得那么香甜，简直像一个婴孩。在天还没有亮时，他便起身跑到火盆边加上一些柴块。有时他坐在河边给自己整理服装。他时常批评我们的饮食太过量，滔滔不绝地宣传他自己的节食主义，他每餐只吃一小块烘面包和一杯热牛奶。"

在一个寒冷的晚上，爱迪生发明了一个铺叠床毯的新方法。他把几条毛毯连接起来，自己一个翻身跳了进去，他就算上床睡觉了。爱迪生是他们一行中无可争议的首领。在其后的几年里，他们又多次出行，每次都是由爱迪生预先确定露营地，计划好路线，制订出旅行守则。

▶ 39 项发明，服务海军防务

1917年1月，即在美国参战的三个月之前，爱迪生受海军部长丹尼尔斯之请，研究如果美国参战后，应作何计划，并借助何种新发明等。因此，他把自己的事务全部托付给了自己的副手和同事，并停止正在进行的其他实验工作，专心致力于海军防务，历时两年之久。

1917年2月，为了实现把英国困死的狂妄企图，德国命令恢复无限制的潜水艇战，对所有在战争区域出现的中立国船只均进行攻击。德国指挥部并非不知道这样一来必将把美国推向反对自己的战争，但他们想进行一次冒险，争取在美国进行总动员之前就把美国打垮。几个星期之内，又有几艘美国商船被鱼雷击沉，生命财产都遭到损失。

当时，美国总统威尔逊正在竞选连任。他在连任总统之前对参议院说："任何一国不应控制另一国；任何一个大国不应成为世界陆地或海洋的主宰；必须限制军备；必须建立一个国际组织以维护持久的'彼此平等的和平'，即'没有胜利者的和平'。"但在总统讲这番话的前三天，德国政府已告知其驻华盛顿大使伯恩斯托夫伯爵，不加限制的潜艇战即将恢复，即使此举必然导致美国放弃中立。

为了适应新的战争形势，威尔逊不得不要求国会宣战。1917年4月6日，美国终于加入协约国向德国宣战。

美国参战后，爱迪生打电话给普林斯顿大学校长希本，请他派4位物理学家来协助解决研究工作中遇到的问题。当时的一个研究项目是：如何在不改变鱼雷航程和尺寸的情况下，通过改进鱼雷的推动装置，使鱼雷的药载量加大。普林斯顿大学的物理学家卡尔·康普顿受爱迪生的委托，研究这一问题。

"期待您尽快找到答案。"爱迪生对他说。

康普顿再次见到爱迪生时，他告诉爱迪生，为改进推动装置，他找到了三种燃料。接着，他一一道来。

爱迪生把这三种燃料全部推翻。"第一种燃料只能从德国获得，无法采用。第二种燃料已做过试验，因为有爆炸危险，只好放弃。第三种燃料含有木酒精，水手们会饮用，所以也不合适。"

康普顿最终又提出了另一种选择。爱迪生看过技术细节之后，要他去找执行同一任务的哥伦比亚大学的青年研究，看他们的结论是否相吻合。

如何防范德国潜水艇的攻击？一方面，发挥美国潜艇的作用。当美国参加第一次世界大战时，约有 50 艘潜艇在服役。另一方面，改进和发明潜艇装置。这个问题在海军顾问委员会最先被提出来时，爱迪生特地邀请古立奇博士来商量。古立奇博士是将爱迪生发明的电灯改良为钨钢白热丝电灯的科学家。爱迪生一向将他的能力估得很高。爱迪生和古立奇博士一致认为，防止潜水艇攻击的最好方法是"水中听音机"。

"古立奇先生，对于利用水中听音机事先知道 6 千米外来袭的敌人潜水艇的方法，以及如遇敌人鱼雷攻击，我方船只能迅即换转 90 度的装置，希望你来想办法。"爱迪生问道。

"这很困难，不过愿意试试。"古立奇回答。

一战时的德国潜艇

古立奇博士果然没有使爱迪生失望，没多久就发明出能发现在附近 3 千米内海中潜水艇的"潜水艇探知器"。有了这项设备，美国海运的损失大为减少。

爱迪生传

潜艇预报装置的设计一直占据着爱迪生的思想。早在欧洲战争爆发之前，美国海军就在寻求一种更灵敏的扩音器，充当探测潜艇的装置。一般应用的碳粒式扩音器电阻太大，爱迪生计划用金属粒取代。然而，金属粒又不够灵敏，后来他找到了一种巧妙的制作较轻金属粒的方法。首先，他搞来一批猪鬃，在猪鬃上镀上各种不同的金属。镀过金属的猪鬃被切成1⁄8英寸长，再用苛性钾溶液将猪鬃蚀去，最后只剩下一个小金属圈。这些小金属圈微粒便在实验扩大器中代替了碳粒。

反潜战的另一战术，基于鱼雷不是直接向敌舰开火，而是找到对方鱼雷并提前截击这一事实。爱迪生应用这一事实，通过计算与实验，找到一种使军舰突然调向避开鱼雷的方法。应用这种方法，不管军舰的速度有多快，舰体有多长，都可以在相当于舰身2/3到3/4长度的范围内与自己原来的前进方向成直角。装有这种设备的军舰还配备了测听器，只要发射鱼雷的声音一到，调向就开始了。

爱迪生在战后解释说："这种调向装置，像多数高效装置一样，结构极其简单——只用几根粗绳拴上极大的锥形海锚即可。这种装置设在船头，而不是船尾。锚一落下，船头停止了运动，船尾便自动调转方向，仅冲出几百英尺远就可以完成调头。"

爱迪生关于海战方面还有很多奇思妙想。

比如，在离美国东海岸50至100英里的海域设几十只浮标。每只浮标由3人管理，浮标上的人员都被提供够4个星期用的食物和淡水，让他们待在这里监视海域，如发现潜艇活动，就用无线电报告海岸。

爱迪生说，用无烟煤作燃料，可使轮船被潜艇发现的距离从40英里半径降到20英里。如果再去掉桅杆和烟囱，或将这些突出物伪装起来，被发现的半径就可以进一步降到12英里。

爱迪生针对舰船烟囱的毒烟设计了一种特制的面具，并亲自在一间充满了硫酸呛人气味的密室里试验面具的效果。

他还设计了拦截鱼雷的网，扩大舰队视野的潜望镜，甚至制订了保护泽布勒赫港的具体措施。泽布勒赫港是1918年英国皇家海军袭击的目标。爱迪生想用无人驾驶的电动平底船，装满炸药，由陀螺仪舵控制，来巡视海面。

自爱迪生受命于丹尼尔斯以后，曾为海军进行了39项发明，包括：窃听潜艇器、船只快速转弯法、领导商船脱离水雷区域法、阻鱼电网、水下探灯、保持沉水后潜艇之稳固平衡法、侦察敌人飞机法、船舶用电话、发炮瞭望台之云梯、保护潜艇炮及他用炮类不锈法等等。

这些工作实际都是爱迪生本人完成的，或是在自己的实验室，或是在海军基地，由官方派海军人员协助。这些发明全都是防御性的东西，而非攻击性武器，从这里就可以看出爱迪生还是厌恶战争的。

大战结束后，爱迪生是唯一获得海军部"特殊勋章"的平民。

但是，由于爱迪生不了解海军传统，海军部有人怀疑他是否能帮助美国海军打赢这场战争。他在几年以后说："在战争期间，我做了大约40项发明；每一项发明都十分成功，可是他们一项也没采用，都闲置了起来。海军官员讨厌平民插手他们的工作。这些人开办的似乎是封闭公司。"

一种说法是比较客观正确的，海军部只是想借用爱迪生的威望使公众相信政府。爱迪生后来也发现了这点，但他没有时间来抱怨，对他来说，某项发明只是他的生活组成部分，而非最后目的。在他一生中，他对发明只是"发明"而已，至于发明以后的事，他往往扔到一边不顾。

1918年11月，大战结束，爱迪生卸去海军顾问委员会的职务，重返研究所工作。

这时，爱迪生71岁，精神矍铄。他自豪地说："我的祖父、父亲都活到90岁以上，我到90岁还有20年，从事于新的发明，有的是时间。"

名人名言·朋友

1. 朋友丰富人生。

——[美]林肯

2. 友谊是心灵的结合。

——[法]伏尔泰

3. 友谊使欢乐倍增，悲痛锐减。

——[英]培根

4. 海内存知己，天涯若比邻。

——〔唐〕王勃

5. 莫愁前路无知己，天下谁人不识君。

——〔唐〕高适

6. 友谊是一棵可以庇荫的树。

——[英]柯尔律治

7. 友谊是一种和谐的平等。

——[古希腊]毕达哥拉斯

8. 患难之中的友谊，能够使患难舒缓。

——[英]莎士比亚

9. 真正的友谊，是一株成长缓慢的植物。

——[美]华盛顿

10. 人世间的一切荣华富贵不及一个好朋友。

——[法]伏尔泰

第十章

Edison

生命不息，奋斗不止

> 人生在世是短暂的，对这短暂的人生，我们最好的报答就是工作。
>
> ——［美］爱迪生

▶ 未完成的研究，植物提胶

　　81岁时，爱迪生来到了佛罗里达。此刻，他对在美国种植橡胶的可能性产生了强烈的兴趣。这对爱迪生来说是一项全新的事业。早在十多年以前，即1915年他访问伯班克在圣巴巴拉的苗圃时，就曾与福特讨论了假如美国参加第一次世界大战，橡胶供应该如何解决的问题。大战过后，福特将底特律的福特汽车工厂扩充，并邀请爱迪生前往参观。那时福特对爱迪生说："制造汽车的器材，全都可在美国国内生产，只有橡胶需要输入。今后汽车一天天增加，替代美国人的双脚的日子，就在眼前，可是制造轮胎的橡胶，却非得从外国进口不可，这对美国确实是一个大问题。"几年以后，福特就建议爱迪生着手研究这一问题。

　　爱迪生接受了福特的建议，于1927年成立了爱迪生植物研究公司。他用福特和费厄斯通投资的9万美元在迈尔斯堡买了橡胶种植园地，并建起了一座新的实验室。虽然战争停止了，但战争的威胁并没有完全消除。爱迪生担心战争还会爆发，会给美国的橡胶供应造成困难，因此现在研究橡胶对他来讲可是头等大事。他写道："不要以为再也不会爆发战争了，尽管我们可能在相当长的时间里没有战争威胁，但或迟或早欧洲各国会联合起来向美国发动进攻。这时他们要做的第一件事就是切断我们的橡胶供应。"

　　眼下，年迈的爱迪生正为了这件事忙碌着。也许是因为年纪大的原因，爱迪生更将自己的全部时间和精力投入到对橡胶的研究中去，他要争取一切时间来完成自己的工作。爱迪生渴望从橡胶树以外的植物中提取橡胶，他想："橡胶树以外的植物，没有办法生产同性质的东西吗？橡胶树需要经过那么多年，才能采到橡胶；如果像杂草那样，每年都能采到同性质的东西，那就好办了。"他认为，首先应将北美和南美的植物收集起来，依次采取树液进行研究。于是，他将迈尔斯堡的植物学家们派往世界各地去寻找可以提取胶乳的植物。为了满足美国的橡胶之需，他要求采集的植物的生长期必须很短："八九个月就能成熟，并且是用机器收割的可供提供橡胶的植物。取胶工艺也将机械化，尽量少用手工劳动。"要达到这样的要求并非易事。在爱迪生的影响下，他们全家脑子里都装满了橡胶。用爱迪生太太的话讲："我们一家大小无时不在谈论橡胶。我们说的、想的、梦见的都是橡胶。因为除此之外，爱迪生先生不许我们做其他事情。"

这期间，还有一个有趣的小插曲。

爱迪生81岁生日的那天，纽约的友人们特地在阿斯托饭店举行宴会为他庆祝，但是身为主角的爱迪生却没有赶来参加。宴会上众人接到了爱迪生从佛罗里达发来的电报：此刻正愉快工作。来宾被弄得哭笑不得。梅多克洛夫特不得不站起来打个圆场，向大家报告爱迪生的"工作"：由于他那天赋的彻底精神，他现在正探索着一切关于橡胶的种植和制造的知识。他参考了无数的材料，且不说国内外关于这一个问题的报纸杂志吧，他所翻阅的书籍就足够装满两架5尺高的书橱了。他的目的是想从美国南部各州和其他在冬季冷至零下20摄氏度的各州中所产生的葡萄藤、灌木以及杂花中提出橡胶来。

"爱迪生先生已经在进行着这个伟大而艰苦的工作；而他很安于做这个工作，他依旧以他的彻底精神，充沛的活力和无限的热忱去处理这个问题。在他的一生研究工作中我从没有看见他比这一次更为全神贯注的了。几个月前他曾对我说：'我已经研究了60年的物理学，而我现在所从事的却是一些全然不同的学科，因此，我觉得很高兴。'而现在他在佛罗里达的确处在工作的最紧张时期。这次他带去了实验室中的7个助手。他在临行前，已经收集并且试验了945种植物,他发现有很多种植物中含有品质很好的橡胶,现在他将试验更多的植物,也许是一倍,也许再多些。"

很快,之前被派往世界各地去寻找能够提取胶乳的植物的人们采集了约3000种植物回到美国。爱迪生对所有植物进行分析研究之后认为,有几种菊科植物可能符合要求。功夫不负有心人,经过杂交,爱迪生成功培育出了一种高12英尺、含有大量胶乳的新型植物,他将这种植物送给费厄斯通一批,费厄斯通用由它提炼出的橡胶制作了福特牌旅行车的4只轮胎。大家十分欢喜,以为橡胶的研究终于可以告一段落了。但是,新的问题很快就来了:使用这种菊科植物提胶,造价太高。

对于成本,爱迪生早已以他丰富的经验断定将来的成本可以降到和进口橡胶竞争的水平。1928年,这个老发明家继续努力地试验。他说:"再给我5年的时间,我一定让美国出现常年产胶的植物!"他预测使用他发明的方便的提制机器在每亩菊科植物中可以制出100磅的橡胶。"我希望产量能增至100天10磅,我们现在还正在开始,如果工作原理确定了,将来的希望真是没有止境呢。"

遗憾的是爱迪生的希望并没有实现,由于他后来患了肾功能失调综合征,只好被迫放弃了橡胶植物的种植研究。当此项任务由爱迪生的后继者重新承担起来的时候,已不再是从菊科植物中提取橡胶,而是新的合成橡胶了。然而爱迪生从野草中提炼橡胶的功绩,还是受到了世人极高的评价,开创了时代的先河!

▶ 永远缅怀

　　1931年6月,美国经济迎来了一次大萧条。当爱迪生获悉在大西洋城正举行一次电灯会议时,便拍去了他此生的最后一份电报。电文热情洋溢,他鼓励那些与会代表们:"我要对你们说的是要勇敢些。我度过了漫长的岁月,见到了历史在不断重演——工商业的多次萧条。但每次萧条过后,美国都变得更加强大,更加繁荣。你们一定要像自己的父辈那样勇敢。坚定信念——勇往直前。"7月,爱迪生到达加州的橡胶栽培试验场。当初由他栽培的只有一公尺高、采胶量也很少的橡胶植物经过研究改进,现在已经可以长到3米高了。"再过5年,美国所需的橡胶就不必从外国输入了。"爱迪生兴奋地对在场的同事们说。8月1日,爱迪生病情突然恶化,经医生详细检查,确认他患了布莱特症、尿毒症和糖尿病。医生知道他已经坚持不了多久了,但为了照顾公众的情绪,他还是宣布:"可以把爱迪生先生比成一只驶入狭窄水道的船。他可能安全渡过,也可能触到礁石。"全国人民都为这位伟大的发明家捏了一把汗。令人惊奇的是,不久爱迪生便渡过了危险期,身体开始好转。又过了些日子,他每日下午可以继续驱车遛弯了。到了9月初,爱迪生又一次进入危险期,也许是上天眷顾,他再次渡过难关。

　　10月4日,医生断定他的病已经到了晚期。在这期间,每天都有来自世界各地的人赶来探望爱迪生。教皇也发来两封电报询问他的状况。胡佛总统关照身边的人随时把爱迪生的病情告诉他。迈尔斯堡的商会决定将10月4日的星期日作为祈祷爱迪生康复日。又是9天过去了。在120个小时中，爱迪生只饮过6小匙的梨汁。他已经陷入了昏迷状态。在爱迪生昏迷之前，他曾透过自己寝室的窗子向外面的山谷望去，那里是过去他与孩子们嬉戏的地方。当时他微笑着说："那里真美啊。"他还会见了费厄斯通，他带着胜利的笑容向费厄斯通示意放在屋里的4只用菊科植物提炼的橡胶制成的轮胎样品，病重的他依然念念不忘自己的研究和工作。1931年10月18日，星期日，凌晨3点24分，发明大王爱迪生终于走完了他84年的人生旅程，结束了他伟大的使命。

1931年摄于爱迪生刚看完病之后。这是爱迪生生前最后一张照片

临终时他说："我为人类的幸福，已经尽了心力，没有什么好遗憾的了！"3天后，也就是10月21日的傍晚，这位发明大王的遗体被埋葬在靠近他在西奥兰治克雷的家的大橡树下。爱迪生去世的消息一传出，人们立刻陷入了极度的悲哀之中。唁电像雪片般从美国各地、从世界各国飞来，与此同时，爱迪生的家属和美国白宫也收到了数以千计的有关怎样纪念爱迪生的建议。曾经不止一次称颂爱迪生的德国传记作家埃米尔·路德维格主张纪念活动开始后，全世界的电灯都象征性地熄灭一分钟。有的主张由胡佛总统下令，在葬礼当天将美国全境的电源切断一分钟。不过人们很快就发现这种对伟人的纪念有些不切实际，于是又有人建议，除关键的电灯以外，其他所有的电灯都在自愿的情况下关闭。民众纷纷响应这一号召，全美各地熄灭电灯一分钟，以示哀悼。在这一分钟之内，芝加哥、加利福尼亚、丹佛、纽约，整个密西西比河一片黑暗，整个世界一片黑暗。接着，从东海岸到西海岸，从城市到乡村，灯火通明，亮如白昼，世界又恢复了光明。这一暗一明的对比，是世人对爱迪生最好的怀念，如果没有爱迪生，我们的世界也许还要持续黑暗几十

年，甚至几百年。与此同时，人们纷纷为爱迪生献上悼词和赞辞，其中以胡佛总统的话最令人感动。他说："所有的美国人都是爱迪生的受惠人！我们不仅生活上接受他的恩惠和利益，最重要的是我们继承了他的精神遗产！爱迪生从报童、电信报务员干起，最后，他却以人类的指导者的身份结束了辉煌的一生。在民主制度下，爱迪生就是用他的一生，来作为这个恒真的信念的楷模！爱迪生个人的信念，就是我们后世取之不尽、用之不竭的精神宝藏！他为人谦虚，待人亲切，做事贯彻始终。爱迪生教我们：只要不懈地努力，必可达到目的。这就是他赐给我们的最宝贵的遗产！"

爱迪生对科学的最大贡献在于"他带来了这样一种思想，即科学总是要不断进步的"。他向人们表明："具有献身精神的研究家们，通过集体或个人的努力，必定能够使人类的视野变得更加开阔。"

爱迪生的创造发明不仅在美国，在世界上都产生了很大影响。美国以爱迪生而骄傲，美国国会颁给他荣誉奖章。美国汽车大王福特说："美国所以是世界上最繁荣的国家，这是由于美国有一个爱迪生。"美国的技术发展，大体上可以爱迪生为分界线。在爱迪生之前，美国的技术基本上是照搬欧洲的；在爱迪生之后，美国才有了自己的技术。所以，爱迪生是美国技术发展转折的一个标志。

全世界也不会忘记像爱迪生这样造福于人类的伟人。美国名人纪念馆陈列着爱迪生的发明。目前，美国新泽西州的历史学家们仍在研究爱迪生的发明及其影响。爱迪生的发明创造是人类的共同财富，他对人类做出的重大贡献将永垂史册。他超出了单纯的发明，实现了新发明的工业化生产，在他以前，人们都认为发明只是运气的产物。爱迪生根据实际需要搞发明创造，他向人们证明：发明并不是幸运或是精神突然错乱的产物。要有所发明创造，就必须付出艰苦的劳动和思考。

名人名言·奉献

1. 牺牲个人，以为社会；牺牲现在，以为将来。

    ——陈天华

2. 做人也要像蜡烛一样，在有限的一生中有一分光发一分热，给人以光明，给人以温暖。

    ——萧楚女

3. 幸福在于为别人而生活。

    ——[俄] 列夫·托尔斯泰

4. 如果人人都为自己活着，世界便会冷却下来。

    ——[英] 拜伦

5. 点燃了的火炬不是为了火炬本身，就像我们的美德应该超过自己照亮别人。

    ——[英] 莎士比亚

6. 贝壳虽然死了，却把它的美丽留给了整个世界。

    ——张笑天

7. 我是炎黄子孙，理所当然地要把学到的知识全部奉献给我亲爱的祖国。

    ——李四光

8. 我没有别的东西奉献，唯有辛劳泪水和血汗。

    ——[英] 丘吉尔

9. 春蚕到死丝方尽，人至期颐亦不休，一息尚存须努力，留作青年为范畴。

    ——吴玉章

10. 凡可以献上我的全身的事，绝不献上一只手。

    ——[英] 狄更斯

名人年谱

爱迪生

1847年，2月11日生于美国俄亥俄州的米兰镇，是荷兰移民约翰·爱迪生的后裔。

1856年，进入小学就读，三个月后，被教师视为"低能儿"而被迫退学。

1862年，2月3日大干线《先驱报》创刊。4月赊购1500份载有战争新闻的晚报出售，获得巨大成功。从此，爱迪生决定成为一名电报员。

1863年，担任大干线铁路斯特拉福特枢纽站电信报务员。

1864~1867年，在中西部各地担任报务员，过着类似流浪的生活。

1868年，以报务员的身份来到波士顿，服务于西方联合公司。10月11日发明"投票计数器"，获得生平第一项专利权。

1869年，6月到纽约寻找工作，在黄金行市表示器公司担任总技师。10月与友人合办"波普—爱迪生公司"。

1870年，发明普用印刷机，出让专利权，获4万美元。自设制造厂。

1871年，母亲去世。改良打字机成功。与玛丽结婚。

1874年，12月28日在纽瓦克工厂给古尔德演示四通路电报机的性能。

1875年，发明声波分析谐振器。1月5日出卖四通路电报机专利权，获取3万美元。

1876年，在新泽西州的门罗公园建立了一个实验室——第一个工业研究实验室，它是现代"研究小组"的雏形。发明炭精棒送话器。申请电报自动记录机专利。

1877年，在门罗公园改进了早期由贝尔发明的电话，并使之投入实际使用。获得三项专利：穿孔笔、气动铁笔和普通铁笔。8月20日发明了留声机。

1878年，1月成立爱迪生留声机公司。2月19日获留声机专利。9月访问康涅狄克州的威廉·华莱士。开始进行发明电灯的研究。10月5日提出等一份关于铂丝"电灯"的专利申请。11月碳阻送话器被送到英国进行试验。

1879年，10月21日发明高阻力白炽灯，它能连续点燃40个小时。11月1日申请碳丝灯专利。

1880年，研究直升机。获得电灯发明专利权。制成磁力筛矿器。1月28日提出"电力输配系统"专利申请。12月成立纽约爱迪生电力照明公司。

1881年，纽约第五大街总部设立。于纽约克成立一个白炽灯厂。设立发电机，地下电线，电灯零件的制造厂。在门罗公园试验电车。

1882年，发明电流三线分布制。申请专利141项。9月4日成立第一所中央发电厂。12月底美国各地建立了150多个小电站。

1883年，纽约音乐厅尼布洛公园举办"大型模拟芭蕾舞剧"，庆祝爱迪生征服黑暗的胜利。作出其初次唯一的科学发现，即"爱迪生效应"。

1884年，8月9日妻子玛丽去世。爱迪生离开门罗公园。

1885年，5月23日提出无线电报专利申请。

1886年，2月24日与米娜·米勒结婚。

1887年，研究所迁往新泽西州的西奥兰治。

1888年，发明唱筒型留声机。

1889年，参加巴黎百年博览会。发明电气铁道多种。完成活动电影机。

1891年，发明"爱迪生选矿机"，开始自行经营采矿事业。获得"活动电影放映机"专利权。5月20日第一台成功的活动电影视镜在新泽西州西奥兰治的爱迪生实验室向公众展示。

1893年，爱迪生实验室的庭院里建立起世界上第一座电影"摄影棚"。

1894年，4月14日在纽约开辟第一家活动电影放映机影院。

1896年，4月23日第一次在纽约的科斯特—拜厄尔的音乐堂使用"维太放映机"放映影片，受到公众热烈欢迎。

1898年，采矿事业失败，转而经营水泥制造。

1900年，进行蓄电池的研究。

1902年，使用新型蓄电池作车辆动力的试验，行程为5000英里，每充一次电，可走100英里，获得成功。

1903年，爱迪生的公司摄制了第一部故事片《列车抢劫》。

1904年，新型电池进入市场。

1908年，8月提出水泥房屋专利申请。

1909年，费时十年的蓄电池研究终于成功。制成传真电报。获得原料机、加细碾机、长窑设计专利。

1910年，发明"圆盘唱片"。爱迪生水泥公司居全国第5位。

1912年，发明"有声电影"。研制成传语留声机。

1914年，12月9日西奥兰治研究所被大火焚毁，损失达400万美元。

1914—1915年，发明石碳酸综合制造法。并合留声机和授语机为远写机，一方电话机可自动记录对方说话。建议新教学法。设立化学厂，自行制造苯、靛油等。

1915年，访问伯班克在圣巴巴拉的苗圃，与福特讨论美国的橡胶供应问题。10月7日担任美国海军顾问委员会的委员长。10月21日"爱迪生日"（即庆祝白炽灯发明36周年），宴会上所有的食品都是用电制熟的。

1916年，5月13日出席纽约国民备战大示威游行。

1917年，1月辞去行政工作，专门研究海军防务达两年之久。

1918年，1月24日爱迪生的几位同事创建了"爱迪生先驱会"。

1915—1918年，完成发明39件之多，其中最著名的是鱼雷机械装置、喷火器和水底潜望镜等。

1922年，被选为美国当代十二大伟人之第一人。

1924年，最后一次旅行。

1927年，完成长时间唱片。成立爱迪生植物研究公司。80岁诞辰的那一天，在美国召开盛大的欢迎会，爱迪生收到的祝贺信件有数十万封之多。

1928年，从野草中提炼橡胶成功。9月参加福特的历史博物馆动工仪式。

1929年，电灯诞生50周年，全国及世界各地举行盛大庆祝。爱迪生患肺炎。体弱病发。

1930年，病情恶化。

1931年，6月向大西洋城举行的电灯会议发送最后一份电报。9月初病情进入危险期。10月18日与世长辞，享年84岁。